❧ *TEATRO AMADOR* ☙

A cena carioca muito além dos arrabaldes

CONSELHO EDITORIAL
Ana Paula Torres Megiani
Eunice Ostrensky
Haroldo Ceravolo Sereza
Joana Monteleone
Maria Luiza Ferreira de Oliveira
Ruy Braga

LUCIANA PENNA-FRANCA

ᘡ TEATRO AMADOR ᘠ
A cena carioca muito além dos arrabaldes

Copyright © 2016 Luciana Penna-Franca.

Grafia atualizada segundo o Acordo Ortográfico da Língua Portuguesa de 1990, que entrou em vigor no Brasil em 2009.

Edição: Haroldo Ceravolo Sereza
Editora assistente: Cristina Terada Tamada
Assistente acadêmica: Bruna Marques
Projeto gráfico e diagramação: Cristina Terada Tamada
Revisão: Julia Barreto
Capa: Carina Carreira

CIP-BRASIL. CATALOGAÇÃO NA PUBLICAÇÃO
SINDICATO NACIONAL DOS EDITORES DE LIVROS, RJ

P459t

Penna-Franca, Luciana
Teatro amador: a cena carioca muito além dos arrabaldes
Luciana Penna-Franca - 1. ed.
São Paulo: Alameda, 2016.
160 p.: il.; 21 cm.

Inclui bibliografia
ISBN 978-85-7939-393-8

1. Teatro amador - Rio de Janeiro (RJ) - História - Séc. XX. 2.
Cultura popular - Rio de Janeiro (RJ) - Séc. XX. I. Título.

16-33095   CDD: 792.0222098153
                      CDU: 792.077(815.3)

ALAMEDA CASA EDITORIAL
Rua Treze de Maio, 353 – Bela Vista
CEP 01327-000 – São Paulo – SP
Tel. (11) 3012-2403
www.alamedaeditorial.com.br

À minha mãe (in memoriam),
que me ensinou a amar a História e as Artes.

SUMÁRIO

PREFÁCIO	*9*
INTRODUÇÃO	*13*
UM PANORAMA DA CENA TEATRAL NO RIO DE JANEIRO	*29*
Múltiplas cenas cariocas	*29*
Plateias heterogêneas nos palcos da cidade	*37*
Espaços geográficos e sociais do teatro amador	*46*
EM BUSCA DOS AMADORES	*55*
Uma imprensa para o teatro	*55*
Os artistas amadores	*63*
Os amadores viram tema de peça	*73*
O "teatrinho" e o "grande teatro"	*79*
Por que assistir a uma peça de amadores	*87*
AMADORES EM CENA	*93*
Palcos operários	*94*

Os imigrantes fazem teatro 104

O teatro "haute-gamme" 112

CONSIDERAÇÕES FINAIS *133*

FONTES *137*

Documentos da polícia *137*

Periódicos *145*

Mapa *147*

Legislação *147*

Memórias *147*

BIBLIOGRAFIA *151*

AGRADECIMENTOS *157*

PREFÁCIO

Laura Antunes Maciel[1]

Os estudos sobre a história do teatro brasileiro, em sua grande maioria comprometidos com a busca dos "primórdios" e o estabelecimento dos "marcos de origem" de uma dramaturgia "genuinamente nacional", constituíram uma narrativa assentada no encadeamento cronológico dos gêneros dramáticos e das formas de representação consagradas em cada momento histórico, estabelecendo interpretações e rupturas que ainda hoje norteiam as pesquisas na área. Alguns desses estudiosos fizeram eco aos críticos e intelectuais contemporâneos que, empenhados em uma campanha pela renovação estética e literária dos textos, repertórios e linguagens teatrais, bradavam contra o teatro "ligeiro" (operetas, paródias, vaudevilles e as revistas), defendendo o que qualificaram como o "grande teatro" ou o "teatro sério" (o das grandes companhias teatrais e dos atores profissionais), e silenciando ou desqualificando outras experiências teatrais em curso no século XIX.

Apesar de desvalorizada pela crítica contemporânea, ignorada pelos relatos e memórias sobre "o teatro brasileiro" e negligenciada por grande parte da historiografia sobre teatro, a expressão teatral

---

1 Professora do Departamento/Programa de Pós-Graduação em História da Universidade Federal Fluminense (UFF).

de grupos amadores era significativa e relevante na vida cultural da cidade do Rio de Janeiro, entre as décadas finais do século XIX e as duas primeiras do século XX. Para além das revistas, paródias e operetas encenadas por grandes companhias e empresários teatrais, Luciana revela uma cena teatral plural e heterogênea, na qual conviviam uma diversidade de gêneros, linguagens, espaços cênicos e públicos, evidenciando a vitalidade do amadorismo na cultura carioca. Como indica o subtítulo do trabalho, Luciana revelou a disseminação do fazer teatral pela cidade e entre diferentes grupos sociais, explorando novos sentidos associados a essa experiência social no Rio de Janeiro de então.

Na contramão das abordagens sobre o teatro que privilegiam os gêneros dramáticos ou a materialidade dos espaços cênicos, Luciana aborda o teatro como uma prática social ativa e significativa para a atuação e expressão de diferentes grupos sociais na cidade. Conduzindo sua análise na perspectiva da história social e dialogando com estudos sobre o teatro comercial e profissional, Luciana associa a criação de sociedades, grêmios e clubes dramáticos amadores às transformações e tensões na cena carioca daquele momento histórico.

Desenvolvido como pesquisa de mestrado no Programa de História Social da Universidade Federal Fluminense, o estudo revela um amplo trabalho de investigação conduzido em instituições e acervos diversos. Articulando um conjunto significativo de pequenos periódicos dedicados "aos assuntos teatrais" a estatutos e pedidos de licença, encaminhados por sociedades dramáticas à polícia, em busca de autorização para funcionamento, Luciana reconstituiu a experiência de mais de uma centena de associações dramáticas amadoras, mapeou suas sedes e palcos nos mais diversos bairros, demonstrando o alargamento do fazer teatral por diferentes ambientes e grupos sociais.

O cruzamento desses diferentes testemunhos permitiu compor uma geografia do teatro amador no Rio de Janeiro, evidenciando a presença de grupos dramáticos, palcos e experiências com representação e encenação por toda a cidade, inclusive no centro e em concorrência com os grandes teatros. Portanto, seu texto permite questionar as imagens e memórias que confinaram os amadores aos subúrbios e teatrinhos mambembes.

Os resultados da pesquisa desconstroem outros mitos difundidos sobre os amadores, como a falta de organização e administração dos grupos dramáticos, a ausência de ensaios e direção de atores, a opção por espetáculos gratuitos, o predomínio da performance, dos recursos cênicos e da integração entre atores e espectadores em detrimento do texto teatral, etc. Resistindo à construção de sentidos comuns e compartilhados, Luciana demonstra a pluralidade da cena teatral carioca e aponta para a necessidade de novas pesquisas sobre as práticas associativas recreativas entre trabalhadores e, principalmente, sobre as tensões e disputas que marcaram a difusão social da experiência de fazer e assistir teatro na cidade do Rio de Janeiro.

INTRODUÇÃO

Pensar no teatro como uma prática social capaz de transformar a sociedade, que une em suas salas as mais diversas identidades e provoca, não apenas risos e lágrimas, mas principalmente um debate que pode ser definitivo ao influenciar ideias e cotidianos, foi o caminho que me levou a pesquisar sobre esse tema. Ao iniciar o mestrado, porém, pretendia discutir as formas pelas quais o teatro de revista acompanhou e interagiu com as transformações de processos sociais na *belle époque* carioca e, mais especificamente, as relações que o teatro constituía entre público, autores, atores, empresários, enfim, as pessoas envolvidas na produção teatral e a plateia. Pretendia buscar se e como esse teatro criou diferentes imagens e leituras do cotidiano da então capital federal. Apesar dessa proposta ainda me encantar, as leituras de memorialistas, periódicos e estudos acerca de teatro me mostraram outro caminho ainda inexplorado: o teatro amador. O número de jornais dedicados ao teatro e que mencionam os amadores, assim como os próprios pesquisadores de teatro de revista que constantemente citam o teatro amador, porém sem mergulharem a fundo nesse tema, me deixaram curiosa sobre esse outro teatro, que parece ser tão intrigante e provocador quanto o de revista.

O teatro era uma das formas artísticas mais presentes no cotidiano carioca na segunda metade do século XIX e início do XX. Os palcos e demais espaços para apresentação de peças proliferavam pela cidade e podiam ser grandes teatros ou grêmios, clubes, teatrinhos familiares, pequenos palcos amadores; o importante era levar os diversos espetáculos aos frequentadores desses espaços. Ainda devemos considerar o número de apresentações que, de forma alguma, era pequeno: segundo Arthur Azevedo, apenas no ano de 1890 foram apresentadas duas mil peças, no Rio de Janeiro.[1] Além disso, a dimensão dos teatros no final do século XIX era muito superior aos atuais, acolhendo platéias maiores e socialmente mais variadas. Dessa forma, a influência teatral na vida cultural, política e social da capital se espalhava de maneira surpreendente.

Para compreender melhor esse panorama teatral da capital, busquei num primeiro momento realizar leituras sobre a história do teatro que pudessem me ajudar na compreensão do olhar desses autores sobre a cena carioca do final do século XIX ao início do XX. Além disso, os autores lidos inicialmente acerca do teatro de revista e as discussões com a orientadora me abriram esse leque de questões sobre os outros teatros existentes no Rio de Janeiro. Ao levantar os periódicos específicos sobre teatro, descobri uma gama generosa de jornais, anuários, almanaques e revistas. Ao lê-lo percebi que o teatro amador era muito mais influente e variado do que o próprio teatro comercial, contando, inclusive, com jornais financiados pelas apresentações de amadores. A variedade de grêmios, clubes e sociedades me guiaram para seus estatutos, que poderiam esclarecer as perguntas que surgiram: quem eram esses grupos, como eles se organizavam, quem fazia parte dessas sociedades, que peças apresentavam, que públicos essas peças atraíam. Foi bastante intrigante perceber como muitos dos livros sobre a história do teatro não comentavam nada ou quase nada sobre o teatro amador. Essa ausência me fez buscar estudos em outras áreas, além da his-

---

1   AZEVEDO, Arthur. "O Theatro no Rio de Janeiro em 1905, 1906", *Almanaque d'O Theatro*, ano 1, 1906, sn. Esses dados se referem, especificamente ao circuito profissional, mais frequentado por esse articulista.

tória, como o próprio teatro, letras e até entre jornalistas.

A preocupação em contar a história do teatro, no entanto, não é uma novidade: em 1904, Henrique Marinho já publicava *O Theatro Brasileiro*[2] com essa proposta. Sob a influência francesa, definitiva na trajetória do teatro brasileiro do século XIX e utilizando os relatos de Melo Moraes Filho, o autor conta a história do teatro no Brasil desde 1555, com o teatro de Anchieta e a representação do auto de Pregação Universal, e chega ao século XIX e às discussões em voga naquele momento. Ele foi seguido por outros autores com o mesmo objetivo, como Múcio da Paixão,[3] professor de história que se dedicou à literatura teatral e pertenceu a Academia Fluminense de Letras. Apesar de finalizado desde 1917, a obra de Paixão, *O Theatro no Brasil*, só foi editada em 1936 sob o patrocínio de Procópio Ferreira. O autor, que colheu informações nos arquivos do Instituto Histórico, na Biblioteca Nacional e nas coleções de antigos jornais, não conseguiu arrecadar dinheiro enquanto ainda era vivo. Múcio da Paixão inicia a história do teatro ainda em Portugal, com o ator Gil Vicente; depois, no Brasil, narra a participação dos jesuítas, destaca o período áureo do teatro brasileiro, segundo ele, durante o século XIX com o ator João Caetano, e chega ao "gênero alegre" e sua organização e expansão pelo Rio de Janeiro. Ressalta a questão do autoritarismo da polícia, quando ele faz uma descrição detalhada do regulamento de 1907, e discute a crise contemporânea, também influenciado pelos ideais de "teatro sério" como tantos outros autores representantes de um teatro restrito a alguns grupos sociais.

O jurista Carlos Sussekind de Mendonça,[4] diplomado em

---

2   MARINHO, Henrique. *O Theatro Brasileiro (alguns apontamentos para sua história)*. Rio de Janeiro: Garnier, 1904.

3   PAIXÃO, Múcio da. *O Theatro no Brasil*. Rio de Janeiro: Brasília Editora, 1917.

4   MENDONÇA, Carlos Sussekind de. *Historia do Theatro Brasileiro, (1565 –*

direito e membro da Academia Carioca de Letras, cita inúmeras publicações de estudiosos do teatro, comenta superficialmente os temas polêmicos da época e conta a história do teatro desde seus precursores, passando por sua formação e evolução. Para tal, Sussekind retorna a Anchieta e ao teatro colonial no século XVI, descreve a gênese do teatro brasileiro, as primeiras casas de espetáculo, as primeiras empresas – João Caetano e Martins Penna –, discorre sobre os gêneros teatrais, suas diretrizes e não escapa de falar da crise e da necessidade de intervenção do Estado.

Mario Nunes, jornalista e crítico teatral do *Jornal do Brasil*, fez um registro de suas opiniões sobre quarenta anos de teatro em quatro volumes publicados em 1956.[5] O próprio autor afirma que fez apenas um relato de um testemunho visual, que não era uma obra de crítico nem de historiador. Tendo iniciado sua vida no teatro em um grêmio dramático como galã cômico, se auto-classificou como um canastrão. Os livros contam ano a ano o histórico de todas as peças, atores, atrizes e teatros presentes naquele período; ele intercala a narração posterior com crônicas e artigos de jornais publicados na época relatada.

O baiano e professor da Faculdade de Letras da UFRJ, Edwaldo Cafezeiro,[6] também conta a história do teatro fazendo um paralelo com os fatos políticos da história do Brasil, utilizando-os na compreensão do contexto em que a produção dramática se fixou. Ele entende o teatro como um espaço de abordagem de problemas na visão do dominado e do dominador, mas ressalta que os desempenhos registrados mostram a visão do dominador. Diz ainda que o

---

1840): Idéas geraes – os precursores. A formação scenica e literaria. v. 1 Rio de Janeiro: Mendonça Machado e Cia. 1926.

5   NUNES, Mário. *40 anos de teatro.* Rio de Janeiro. SNT, 1956, v. 1-4 (1913-1935).

6   CAFEZEIRO, Edwaldo; GADELHA, Carmem. *História do teatro brasileiro: um percurso de Anchieta a Nelson Rodrigues.* Rio de Janeiro: Ed. da UFRJ, Eduerj: Funarte, 1996.

fato histórico, ainda que não tenha sido representado teatralmente, já é, em si, um drama.

Entre os mais recentes historiadores do teatro, Gustavo Dória[7] faz um levantamento sistemático de todos os grupos teatrais e iniciativas das últimas décadas. Deixando de lado o aspecto puramente cronológico, ele chega ao teatro moderno, fugindo, inclusive, de peças e grupos mais comerciais. Sua análise mais minuciosa se concentra na criação, nos projetos e nas montagens dos grupos "Teatro de Brinquedo", "Teatro do Estudante" e "Os comediantes" (que estreou com *Vestido de noiva*, de Nelson Rodrigues, numa encenação de Ziembinski); comenta ainda outros grupos menos conhecidos, valorizando, assim, o teatro amador. Apesar de sua análise ser dos grupos mais recentes, sua visão diferente do convencional trouxe importantes contribuições na maneira de olhar esse teatro amador.

Mário Cacciaglia, que residiu no Rio de Janeiro durante oito anos e foi diretor do Instituto Italiano de Cultura, escreveu *Pequena História do Teatro no Brasil*,[8] em que, inspirado em relatos de viajantes e utilizando a obra de Galante de Souza, faz uma seleção cronológica do teatro brasileiro, descrevendo as construções de casas de espetáculos, critérios para escolha de elencos e algumas obras dramatúrgicas. O autor visava o público italiano e pretendia que sua publicação funcionasse como um manual de iniciação aos palcos brasileiros.

Galante de Souza, professor e pesquisador da literatura brasileira, escreveu em 1960 *O Teatro no Brasil*,[9] uma síntese da história e da evolução do teatro no Brasil. Dividido em dois tomos, o trabalho apresenta notas históricas sobre alguns teatros, um capítulo sobre a

---

7 DORIA, Gustavo A. *Moderno Teatro Brasileiro: crônica de suas raízes*. Rio de Janeiro: Serviço Nacional de Teatro, 1975.

8 CACCIAGLIA, Mario. *Pequena história do teatro no Brasil: quatro séculos de teatro no Brasil*. São Paulo: Edusp, 1986.

9 SOUZA, J. Galante de. *O teatro no Brasil*. Tomos I e II. Rio de Janeiro: MEC, Instituto Nacional do Livro, 1960.

censura teatral e reproduz vários documentos, como decretos, artigos e fotografias em anexo. No segundo tomo, o autor oferece subsídios para uma bibliografia do teatro no Brasil – como diz o próprio subtítulo. A obra de Galante de Souza tem sido importante fonte de informações para grande parte dos estudiosos de teatro da atualidade.

Para completar a lista de autores que pretenderam contar "a história do teatro", temos ainda o professor universitário, crítico teatral e fundador do GUT (Grupo Universitário de Teatro) – ligado a USP – Décio de Almeida Prado, que em 1994 escreveu a *História concisa do teatro brasileiro: 1570-1908*.[10] Tendo publicações sobre teatro desde os anos 1950, Décio desenvolveu esse projeto numa encomenda pela Mercedes-Benz do Brasil e sintetizou nessa publicação outros três volumes dele próprio: *Teatro de Anchieta a Alencar*, publicado pela Perspectiva, *O drama romântico brasileiro*, pela mesma editora e *Seres, coisas e lugares*, pela Companhia das Letras. Nessa última, o autor faz um retorno à história do teatro nacional, numa versão sucinta para falar de particularidades de ordem artística; acabou ressaltando a parte social, o diálogo entre os dramaturgos e comediógrafos com os acontecimentos históricos do Brasil, especialmente no séc. XIX. O ano em que se encerra o livro, 1908, datou a morte de Arthur Azevedo, autor que marcou o fim do teatro brasileiro do século XIX, segundo Décio de Almeida Prado.

Além desses estudos de caráter memorialístico, existe uma historiografia significativa sobre o teatro tanto em termos quantitativos quanto de abrangência das temáticas estudadas. Nesse sentido, busquei pesquisar autores que discutissem a questão teatral sob diferentes enfoques e, para tal, inclui na bibliografia, além de historiadores, autores da área de teatro, jornalismo e letras.

Nos anos 1980, Roberto Ruiz faz um panorama do teatro de

---

10 PRADO, Décio de Almeida. *História concisa do teatro brasileiro: 1570-1908*. São Paulo: Edusp, 1999.

revista no Brasil desde suas origens até a Primeira Guerra Mundial.[11] Para tal, o autor utilizou o acervo relativo ao teatro de revista do Cenacen, em especial a documentação que pertenceu a Brício de Abreu e Walter Pinto, além de material vindo de arquivos pessoais dos autores. De forma sintetizada, Ruiz organiza no final do livro, uma cronologia dos acontecimentos teatrais no Brasil e do teatro de revista, além dos fatos políticos e sociais, sobre literatura, ciência e filosofia, arte e, ainda, o teatro mundial desde 1820 até 1923. O livro inclui histórias divertidas que marcaram o gênero e a época.

Ainda em 1986, Flora Sussekind, pesquisadora do Setor de Filologia do Centro de Pesquisas da Fundação Casa de Rui Barbosa, publicou *As revistas de ano e a invenção do Rio de Janeiro*,[12] em que ela define as revistas de ano como espetáculos que faziam um balanço dos principais acontecimentos no Rio de Janeiro, durante o ano que terminava e que se procurava apresentar de modo cômico a perda de referenciais, a perplexidade com que a sociedade fluminense vivia as transformações políticas e os projetos de reforma urbana da época. Nesse sentido, Flora Sussekind apresenta a revista com uma visão tranquilizadora dos cidadãos, buscando assentar o olhar do público sobre a cidade; a pluralidade da revista e a diversidade do público, no entanto, escapam de sua análise.

Já Fernando Mencarelli em seu livro *Cena aberta: a absolvição de um bilontra e o teatro de revista de Arthur Azevedo*,[13] originalmente sua dissertação de mestrado em história defendida na Unicamp, focaliza o modo de funcionamento do teatro ligeiro na corte a partir do final do século XIX, procurando compreender a forma como

---

11   RUIZ, Roberto. *O teatro de revista no Brasil: das origens à primeira guerra mundial*. Rio de Janeiro, Inacen, 1988.

12   SUSSEKIND, Flora, *As revistas do ano e a invenção do Rio de Janeiro*. Rio de Janeiro: Nova Fronteira, Fundação Casa de Rui Barbosa, 1986.

13   MENCARELLI, Fernando Antonio. *Cena aberta: a absolvição de um bilontra e o teatro de revista de Arthur Azevedo*. Campinas: Ed. da Unicamp, 1999.

Arthur Azevedo usava o cotidiano para a produção de novos sentidos. Para isso, analisa as intenções do autor e seu discurso nas peças encenadas e, também, as diferentes possibilidades de leitura do espetáculo por parte do público, assim como as complexas relações que podiam se estabelecer entre palco e plateia. De acordo com ele, a trajetória da revista, nascida nos tablados de feira, voltada para a diversão pura e simples da plateia, determinou a amplitude e a heterogeneidade do seu público. Além disso, destaca o fato desse teatro ligeiro articular-se com a música popular e servir como meio divulgador de lundus, tangos e até árias. Por isso, Mencarelli considera a revista como parte da cultura de massa, que logo se ampliaria com o desenvolvimento do cinema e do rádio. Pode-se dizer que Mencarelli procura desvendar os mecanismos de massificação da produção teatral, questionando a periodização produzida por parte da historiografia que, em geral, situa essa experiência como própria dos anos 50 do século XX.

Mencarelli destaca assim a heterogeneidade presente no teatro de revista, questão fundamental para Tiago de Melo Gomes, autor de *Um espelho no palco: Identidades sociais e massificação da cultura no teatro de revista dos anos 1920*,[14] adaptado da sua tese de doutorado em história, apresentada na Unicamp em 2003. Para Gomes, o teatro de revista tinha um caráter polifônico e polissêmico, visando atingir o maior número possível de espectadores em todos os grupos sociais, uma platéia diversificada, ingressos com preços variados e abordava os temas mais palpitantes do momento, o que possibilitava leituras plurais. Sua pesquisa discute os mecanismos de difusão cultural na década de 20 do século XX, enfatizando o teatro de revista carioca. Para tal, buscou os arquivos da empresa Pascoal Segreto, onde encontrou partituras, libretos de peças e dados sobre os ingressos, buscou também nos arquivos da polícia as solicitações de licença para

---

14 GOMES, Tiago de Melo. *Um espelho no palco: Identidades sociais e massificação da cultura no teatro.* Campinas: Ed. da Unicamp, 2004.

peças teatrais, informações sobre censura e ordem pública, além de notícias de jornais, revistas e livros de memória.

Outros autores abordaram aspectos e temáticas referentes ao teatro ou atores e empresários específicos e, alguns deles, se aproximam um pouco mais dos amadores. Maria Filomena Chiaradia, em sua dissertação de mestrado em teatro, defendida na Unirio em 1997, e intitulada *A companhia de revistas e burletas do teatro São José: a menina-dos-olhos de Paschoal Segreto*[15] analisa mais especificamente essa companhia teatral, e considera que o teatro ligeiro era, na verdade, apropriado ao novo cenário urbano da capital e esta não era casualmente privilegiada. A partir da leitura, principalmente de jornais de grande circulação, a autora encontra um significado maior para o teatro de revista do que o intenso exercício de alguns gêneros teatrais. Destaca os procedimentos específicos de elaboração e valoriza as possibilidades criadas a partir desse gênero teatral como o sustento material dos artistas e a sobrevivência da classe teatral nesse campo de formação profissional. Diferentemente dos historiadores citados até agora, ela não associa o teatro de revista à cultura de massa, mas sim o teatro por sessões, mais curto e com três apresentações diárias. Ela discute a questão da brasilidade presente nas revistas, a praça Tiradentes como local onde se concentrava a diversão na capital e as funções que se destacavam nas montagens desse gênero teatral.

Outro estudo nessa direção, é a tese de doutorado em história defendida por Andrea Marzano na Universidade Federal Fluminense, em 2005, publicada posteriormente como livro sob o título *Cidade em cena: o ator Vasques, o teatro e o Rio de Janeiro (1839-1892)*.[16] Apesar de enfocar um ator específico, sua análise sobre o

---

15   CHIARADIA, Maria Filomena Vilela. *A companhia de revistas e burletas do teatro São José: a menina-dos-olhos de Paschoal Segreto*. Dissertação de Mestrado em Teatro – Unirio, Rio de Janeiro, 1997.

16   MARZANO, Andrea. *Cidade em cena: o ator Vasques, o teatro e o Rio de Janeiro*

Luciana Penna-Franca

público que frequentava os teatros, além de trazer boas dicas sobre os preços dos ingressos, foi importante para a compreensão do significado que o teatro assumia para diferentes grupos sociais na cidade do Rio de Janeiro. Essa autora descreve os vários públicos que frequentavam diferentes teatros no século XIX, assim como os diversos gêneros teatrais que estavam ao alcance de grande parte da população. A autora analisa o comportamento do público a partir da análise de romances de época, mostrando a participação dessas plateias não apenas no momento do espetáculo, como também nos periódicos da capital.

Alguns estudos, apesar de abordarem um gênero teatral específico, trouxeram importantes colaborações na análise do teatro amador e, mais especificamente, no reconhecimento da diversidade da cena teatral carioca no período. É o caso de Danielle Crepaldi Carvalho em sua dissertação de mestrado em teoria e história literária, na Unicamp em 2009, *"Arte" em tempos de "chirinola": a proposta de renovação teatral de Coelho Netto (1897-1898)*,[17] em que ela analisa as apresentações de duas peças de Coelho Netto, procurando observar como se dava a relação entre os artistas profissionais e amadores, a crítica e o público teatral. Ela comenta que não eram todos os amadores que almejavam se tornarem profissionais devido ao olhar estereotipado de parte da sociedade carioca sobre os atores e atrizes. Essa visão é percebida pela leitura de diversas crônicas de Arthur Azevedo quando fala dos amadores; em diversas delas, sugere a criação de uma escola profissionalizante para formar artistas.

Outro estudo é o de Elza de Andrade, uma dissertação de

(1839-1892). Rio de Janeiro: Folha Seca, Faperj, 2008.

17   CARVALHO, Danielle Crepaldi. *"Arte" em tempos de "chirinola": a proposta de renovação teatral de Coelho Netto (1897-1898)*. Campinas, Dissertação de Mestrado no Programa de Teoria e História Literária da Unicamp, 2009.

mestrado em teatro defendida em 1996 na Unirio,[18] que aborda exatamente a formação da Escola Dramática Municipal, hoje Escola Martins Pena. A autora se propôs a refletir sobre esse processo de formação e profissionalização do ator de teatro, acompanhando as propostas de criação e o funcionamento da primeira escola voltada para essa formação. Suas fontes principais foram as crônicas publicadas por jornalistas, entre o final do século XIX e início do XX, para acompanhar os caminhos pelos quais se deu a campanha para a abertura dessa escola.

O único estudo específico sobre o teatro amador, localizado até o momento, é o artigo da jornalista Roseli Fígaro, sobre o Circuito Cultural do Teatro Amador e Operário Luso-Brasileiro na cena paulista durante a primeira metade do século XX.[19] Ainda que seu objetivo maior seja "resgatar as práticas culturais e comunicativas da comunidade de trabalhadores imigrantes portugueses", a autora mapeia os lugares de encenação das peças, os grupos amadores e as peças encenadas, permitindo conhecer parte do circuito teatral alternativo ou popular na cidade de São Paulo. Sua pesquisa utilizou processos de liberação e censura de peças teatrais, apresentados ao Departamento de Diversões Públicas do Estado de São Paulo, além de entrevistas, e é parte do projeto temático *Cena paulista: um estudo da produção cultural de São Paulo de 1930 a 1970 a partir do arquivo Miroel Silveira da ECA-USP* que envolve outros pesquisadores. Ela valoriza a participação dos trabalhadores imigrantes, que constituíram um espaço alternativo em entidades associativas de socorro mútuo, recreativas, desportivas e dramáticas resgatando

---

18   ANDRADE, Elza Maria Ferraz de. *Escola Dramática Municipal: a primeira escola de teatro do Brasil, 1908-1911*. Dissertação de Mestrado em Teatro, Unirio, Rio de Janeiro, 1996.

19   FÍGARO, Roseli. *Teatro amador: uma rede de comunicação e sociabilidade para a comunidade lusófona na primeira metade do séc. XX*. Apresentada no VII Congresso da Lusocom, Federação Lusófona de Ciências da Comunicação, 2006.

práticas culturais e comunicativas dessa comunidade e sua importância para a produção teatral paulistana naquele período. Para ela os grupos de teatro amador e as peças encenadas colaboraram para aproximar a comunidade lusófona e criar um espaço de sociabilidade e cooperação. Ela avalia, no entanto, as diferenças do teatro realizado em São Paulo, que ocuparia um lugar secundário em relação à capital federal, que tinha mais recursos e nomes destacados pela imprensa e crítica.

Questões semelhantes podem ser acompanhadas por meio de estudos como os de Luciana Barbosa Arêas[20] e Milton Lopes,[21] que apesar de não estudarem especificamente o teatro, abordaram a experiência de trabalhadores envolvidos com encenação e montagem e que usavam as peças teatrais como forma de refletir sobre a realidade que viviam. O artigo de Milton Lopes cobre quase vinte anos da história do movimento anarquista e operário no Rio de Janeiro, período do apogeu de sua militância e que marcou o Centro Galego como espaço de fundamental importância no desenvolvimento de uma cultura libertária e de apoio mútuo inserida nesse contexto de lutas do operariado carioca. Arêas, em sua dissertação de mestrado, *A redenção dos operários: o primeiro de maio no Rio de Janeiro durante a República Velha*, apresentada ao Departamento de História da Unicamp em 1996, analisa as influências das comemorações do 1º de Maio, durante a República Velha, na formação de uma consciência de classe entre os operários na cidade do Rio de Janeiro. Ela valoriza o teatro, a música e as festas como parte do cotidiano desses trabalhadores, que muitas vezes frequentavam as comemorações do Dia do Trabalho, mesmo sem pertencer a algum sindicato ou

---

20 ARÊAS, Luciana Barbosa. *A redenção dos operários: o primeiro de maio no Rio de Janeiro durante República Velha*. Dissertação de Mestrado em História – Unicamp, Campinas, 1996.

21 LOPES, Milton. *Memória anarquista do Centro Galego do Rio de Janeiro (1903-1922)*. Núcleo de Pesquisa Marques da Costa. Disponível em: <www.marquesdacosta.wordpress.com>.

associação. Através da leitura das críticas teatrais em jornais operários, a autora comenta a maior valorização dos textos encenados com fins de propaganda do que a própria atuação dos artistas ou mesmo a qualidade literária desses roteiros.

Entre as fontes consultadas, os periódicos dedicados às questões do teatro, editados em número significativo no Rio de Janeiro a partir de meados do século XIX, tiveram um papel fundamental nas investigações. Foram encontrados mais de cem periódicos que falavam sobre o tema no período entre 1850 e 1920. Alguns exemplares se encontram no IHGB, mas a maioria está no setor de obras raras da Biblioteca Nacional. O número e diversidade de iniciativas deste tipo de imprensa constituem em si mesmos aspectos que mereceriam uma investigação mais aprofundada – podiam pertencer a clubes dramáticos, grupos operários, imigrantes, artistas ou a imprensa de grande circulação – mas essa leitura foi primordial na busca da compreensão da medida em que esses jornais e revistas atuavam na formação de públicos e platéias e do debate mais amplo sobre os rumos do teatro na cidade. Através das colunas desses periódicos e da crítica teatral, os jornalistas recomendavam peças e companhias teatrais, debatiam necessidades do meio teatral como a criação da escola dramática ou de mais textos de autores brasileiros, comentavam sobre as salas de teatros, tradução de textos estrangeiros e atuação dos artistas.

Partindo da análise dessa documentação, percebi a presença do teatro amador não apenas nos subúrbios cariocas, como vários articulistas da imprensa e críticos teatrais comentavam, mas também reuni evidências de que esse teatro estava presente também no centro, próximo aos grandes teatros e companhias teatrais profissionais. O "teatrinho", como eles se referiam ao teatro amador, abarcava artistas dos mais diferentes grupos sociais, atraía platéias que se mostraram diversificadas e que tinham uma voz atuante e transformadora não apenas de seu cotidiano domiciliar, mas também no ambiente de trabalho, nas associações de trabalhadores, nas rodas sociais que frequentavam e na construção de um novo e moderno Rio de Janeiro. Aos poucos, foi saltando aos olhos durante a pesquisa a existência de um número significativo de clubes, sociedades e grêmios dramáticos que reuniam homens e mulheres interessados na arte dramática e cujas sedes eram usadas como palcos por grupos amadores de teatro. Para reconstituir a composição social e localização desses grupos amadores, incorporei uma nova documentação: os pedidos de licença para funcionamento dessas instituições e também seus estatutos enviados à polícia. Através da consulta a esses materiais, totalizando cerca de 33 caixas no Arquivo Nacional, consegui reunir informações como endereços de teatros, nomes de grupos e entidades, que permitiram realizar um mapeamento da diversidade de grupos e indivíduos envolvidos com o teatro amador e, ao que tudo indica, reunir novas evidências sobre a dimensão que o teatro amador realmente tinha e que ainda não foi retratada nas histórias do teatro brasileiro. Além disso, com base nesses dados foi possível elaborar um mapa com a localização aproximada dos múltiplos espaços onde os amadores se apresentavam na cidade.

É necessário um esclarecimento importante sobre a opção por manter a ortografia original dos nomes dos clubes dramáticos de amadores e dos jornais pesquisados. Um dos motivos para essa escolha foi exatamente uma possível confusão entre um clube e outro. Outro motivo foi o intuito de facilitar as buscas de outros pesquisadores nos centros de pesquisa e guarda documental ou mesmo na própria internet.

A partir das questões e problemas formulados na pesquisa, organizei a dissertação em três capítulos. No primeiro, "Um panorama da cena teatral no Rio de Janeiro", procuro fazer um panorama da cena teatral carioca desde o final do século XIX até os anos 20 do século XX, compreendendo o termo teatro na pluralidade de sentidos para os diferentes grupos que participavam desse meio, que era muito mais do que, simplesmente, artístico. Além disso, reuni evidências que permitem reconhecer quem eram os públicos desses variados palcos e teatros. Focando o tema dos amadores, procurei mostrar a geografia do teatro amador na capital, comprovando que seu alcance social e espacial ia muito além dos arrabaldes da cidade, fazendo parte de cada bairro, inclusive do centro, algumas vezes vizinho aos teatros mais importantes do Rio de Janeiro.

No segundo capítulo, "Em busca dos amadores", discuto a influência de uma imprensa teatral, fortemente presente na capital, procurando compreender sua atuação na formação de públicos e os modos como abordavam o tema teatro. Busco reconhecer quem eram esses artistas amadores e por que eles se dedicavam ao teatro. Apesar das diferenças entre amadores e profissionais, o teatro amador foi, para muitos, um caminho para chegar às grandes empresas teatrais; para outros, uma forma de fazer um teatro civilizatório e de alta categoria; ou ainda, uma maneira para educar e conscientizar operários e trabalhadores. Proponho pensar sobre o que era o teatro amador na cidade do Rio de Janeiro, o que ele representava no conjunto da cena teatral carioca e quais as impressões dos contemporâneos sobre ele.

No terceiro capítulo, "Amadores em cena," utilizando estatutos de clubes amadores e artigos publicados em diferentes jornais, enfatizei diferenças importantes entre alguns grupos envolvidos com teatro: operários, imigrantes e os grupos mais abastados. Busquei pensar a relação dos bastidores e repertórios com os frequentadores das salas de teatro amador, que podiam ser quintais, palcos improvisados ou luxuosos, tentando apreender diferentes sentidos para fazer teatro amador na cidade do Rio de Janeiro. Procurei evidenciar a existência de um teatro plural com um alcance não apenas geográfico, mas social e político na Capital em um momento conturbado da sua história.

UM PANORAMA DA CENA TEATRAL NO RIO DE JANEIRO

[...] no Rio de Janeiro o theatro foi sempre considerado gênero de primeira necessidade, figurando no orçamento do rico e do pobre.[1]

Múltiplas cenas cariocas

Compreender o teatro amador no Rio de Janeiro no final do século XIX e início do XX é como espiar por detrás das cortinas de um grande espetáculo. Num primeiro olhar sobre o panorama teatral desse período encontramos o gênero musicado como o grande sucesso, mais especificamente, o teatro de revista. Sucesso de público e de crítica, as revistas dominavam a cena teatral carioca no circuito comercial. Um número surpreendente de espetáculos acontecia anualmente na capital federal e, segundo

---

1 AZEVEDO, Arthur. "O Theatro", *A Notícia*, Rio de Janeiro, 08/03/1906. In: NEVES, Larissa de Oliveira Neves; LEVIN, Orna Messer (orgs.). *O Theatro: crônicas de Arthur Azevedo*. Campinas: Ed. da Unicamp, 2009. Este livro faz parte de um projeto patrocinado pela Petrobrás e reuniu as crônicas de Arthur Azevedo publicadas semanalmente, entre 1894 e 1908, no diário *A Notícia*, em coluna intitulada "O Theatro". As crônicas se encontram compiladas em CD-ROM anexo ao livro. e por isso não há numeração de página.

Arthur Azevedo, em 1890 foram montadas, em média, 2 mil peças no Rio de Janeiro.[2]

Considerando que esse articulista assistia, em geral, a espetáculos encenados por grandes companhias e atores profissionais, portanto fora do circuito amador, podemos avaliar que esse número fosse ainda maior.

Essa avaliação de Arthur Azevedo veio a público em uma coluna intitulada "O Theatro no Rio de Janeiro em 1905" publicada nas primeiras páginas do *Almanaque* do jornal *O Theatro*, em que foi feito um balanço sobre a produção teatral carioca naquele ano e, mais especialmente, tinha como objetivo falar do teatro amador. Na verdade, segundo o crítico, naquele ano os espetáculos foram poucos: "apenas 1374 sendo 416 no Cassino Nacional e 436 na Maison Moderne".[3] Mais adiante, em outra coluna sem assinatura, a mesma edição d'*O Theatro*, informa que havia dez teatros comerciais abertos ao público[4] em condições de funcionamento e pelo menos trinta sociedades dramáticas particulares na capital. Um número nada insignificante e que nos faz acreditar que o teatro era uma diversão bastante popular e, quem sabe, considerada até um "gênero de primeira necessidade" por um número ainda maior de pessoas do que afirmou o ilustre crítico e teatrólogo Arthur Azevedo.

Apesar do grande número de espetáculos encenados na cidade, havia uma discussão sempre presente, em diversos periódicos, entre alguns intelectuais que reclamam do que eles chamam de "crise do teatro nacional". Entre o final do século XIX e princípio do XX, Arthur Azevedo e Coelho Netto, entre outros, travaram uma batalha sobre o tema, expressando pontos de vista divergentes. Enquanto Coelho Netto defendia o drama e a alta comédia como

---

2   AZEVEDO, Arthur. "O Theatro no Rio de Janeiro em 1905". *Almanaque d'O Theatro*, ano 1, 1906, sn.

3   *Ibidem.*

4   *Ibidem.*

o "bom" teatro e fazia críticas severíssimas ao teatro de revista, Arthur Azevedo defendia a revista afirmando que se havia público para esses espetáculos era porque a peça era de qualidade. Apesar dessa defesa, havia uma contradição sempre presente em Azevedo, que dizia, por exemplo, que o Maison Moderne e o Cassino Nacional "não eram teatros propriamente ditos".[5]

Esse debate não era uma novidade, visto que Machado de Assis, em 1873, já criticava a fragilidade da literatura brasileira dedicando ao teatro "uma linha de reticências". Em 1908, a revista *Kosmos* reproduz sua crítica afirmando que ela ainda seria atual mesmo após 35 anos:

> Não há atualmente teatro brasileiro; nenhuma peça nacional se representa. As cenas teatrais deste país viveram sempre de traduções, o que não quer dizer que não admitissem alguma obra nacional quando aparecia. Hoje que o gosto do público tocou o último grau da decadência e perversão nenhuma esperança teria quem se sentisse com vocação para compor obras severas de arte. Quem lh'as receberia, se o que domina é a cantiga burlesca ou obscena, o cancã, a mágica aparatosa, tudo o que fala aos sentidos e aos instintos inferiores?[6]

Os críticos teatrais e articulistas dos jornais usavam o que chamaram de "modelo europeu" para avaliar o teatro nacional e, utilizando esse parâmetro, viam as comédias ligeiras, revistas e operetas como um teatro inferior. Concordo com os estudos de

---

5   Entre os teatros mais conhecidos do circuito comercial encontramos: Recreio Dramatico, Apollo, Eden-Lavradio, Lyrico, S. Pedro de Alcântara (antes chamado S. João), S. José (antigo Príncipe Imperial, depois Variedades e ainda Moulin Rouge), Lucinda, Carlos Gomes (antigo Sant´Anna), Maison Moderne, Parque Fluminense e Jardim Novidades (antigo Jardim da Guarda-Velha).

6   ASSIS, Machado de. "Kosmos", In: ANDRADE, Elza Maria Ferraz de. Op Cit., p. 52.

Mencarelli, Thiago de Melo, Elza de Andrade, Maria Filomena Chiaradia, entre outros autores, no sentido de que a chamada "crise do teatro", na verdade, não existia. O que havia, de um lado, era a preferência do público por uma forma de comunicação e linguagem teatral e, do outro, um ponto de vista preconceituoso e superficial desses intelectuais que escreviam sobre teatro. A defesa intransigente de um tipo de teatro inspirado na escola francesa impedia os críticos de reconhecer qualidade em outras formas teatrais como o teatro ligeiro, que se expandia pela cidade, fazendo sucesso em teatros do centro e da periferia e sendo assistido tanto pelas camadas abastadas quanto por trabalhadores. É interessante observar que a discussão sobre peças e companhias nacionais e estrangeiras vem desde o século XIX. Em um bilhete escrito por d. Pedro I a José Bonifácio, em 1822, ao saber da intenção de dois empresários que pretendiam desalojar do Teatro São João no Rio, uma companhia nacional, e substituí-la por uma estrangeira, ele escreveu: "Prefira a nacional e que a outra seja excluída. Isso é preciso porque os estrangeiros não podem bigodear os nacionais".[7]

Um exemplo claro da intenção de copiar o teatro feito na Europa está nos estatutos do Cabaret Club, sediado na rua Barão do Ladario, que além de espetáculos de gênero ligeiro, visava proporcionar aos seus associados um "magnífico serviço de cabaret, procurando tanto quanto possível igualar o que de melhor existe no estrangeiro, preenchendo assim uma lacuna deveras sensível no meio (...) da nossa grande capital". E, para tal fim, tomaria como modelos o "Cabaret dês Gourmets", o "L'International", o"L'Universal" e "outros da grande capital francesa", uma vez que eram eles que preenchiam "os requisitos desejados a consecução do desideratum".[8] O cabaret

---

7   Carta de d. Pedro I a José Bonifácio, 1822. Apud: "Ano a ano a história da regulamentação", suplemento da revista *Amiga* n. 446, dez. 1978.

8   Cabaret Club, Estatutos de outubro de 1912. DP, caixa GIFI 6C 479. Arquivo Nacional.

era um gênero teatral considerado de menor qualidade, não obstante mantinha o mesmo paradigma do modelo teatral francês presente nos dramas e comédias representados no Rio de Janeiro. Os espetáculos seriam do gênero ligeiro, tão criticado por aquela mídia ligada aos grupos dominantes, o que mostra que a Europa era referência e fonte de inspiração não apenas para um determinado grupo ou estilo teatral.

Arthur Azevedo, autor de diversas revistas, era um dos maiores defensores do teatro e dos artistas brasileiros e, apesar de muitas vezes endossar contraditoriamente o discurso comum da maioria dos jornalistas, foi acusado por Cardoso Mota, ator e autor de duas peças, de ser responsável pela desmoralização da arte dramática. Arthur Azevedo enumerava diversas causas para o que considerava a "decadência do teatro brasileiro": a imprensa, que não sabia fazer crítica teatral; os atores, que não protestavam contra as críticas injustas, além de muitos não terem talento; os autores e tradutores, que não se preocupavam com a arte em seus trabalhos; o gosto popular; a ausência de contratos que garantissem os interesses de empresários e artistas; a ausência da legislação teatral; a deficiência dos locais onde se montavam peças, citando os barracões abertos; os jogos de azar; e os poderes públicos que não tomavam providências para melhorar a situação do teatro nacional. Ou seja, ao mesmo tempo em que escrevia as revistas de ano, que eram comédias de costumes e alvo das críticas, participando ativamente do mercado cultural dominante na cidade, ele próprio não reconhecia sua produção como "arte dramática" e nem como parte do que chamava de "teatro nacional".

Outros intelectuais explicavam a suposta crise do teatro nacional usando argumentos diferentes: Olavo Bilac atribuía à falta de teatros adequados; Coelho Netto culpava a imprensa e os jornalistas que escreviam para os jornais e para os teatros; Múcio da Paixão colocava no público a causa da suposta decadência; e o poeta, romancista, jurista e crítico Aderbal de Carvalho apontava o cruzamentos das três raças como uma "terrível e perniciosa mania de imitação".[9] João do Rio dizia que os artistas teriam construído a própria ruína e que o público não ia ao teatro porque esses artistas representavam mal, que "cada companhia não passa de um mau mambembe".[10] Além disso, a solução para a "decadência teatral" seria, segundo João do Rio, contratar um elenco, em grande parte, no teatro português.[11] Foi esse debate que orientou a criação da escola de arte dramática pela Prefeitura da Capital Federal – cuja direção foi entregue a Coelho Netto –, além da própria construção do Teatro Municipal, visto como possível ponto final para a dita crise do teatro brasileiro.

Nos anos 1920 esse tema reapareceria com o teatrólogo, autor, diretor e fundador da Escola Dramática de Porto Alegre, Renato Viana, que falava sobre o pessimismo dominante no período do pós-guerra como a "crise do teatro nacional". Renato Viana lamenta o enorme público que frequentava as revistas e que isso não era suficiente para lhes atestar a qualidade. Ele defendia a importância da escola como preparo indispensável ao ator.[12] Mário Nunes, cronista teatral, também lamenta o sucesso do teatro ligeiro e a ausência do "verdadeiro teatro". Ele responsabiliza o próprio público pelo sucesso do teatro ligeiro, considerado pornografia porque usava palavras de "baixo calão", além de "historietas banais, de engenho medíocre, revelando a debilidade criadora dos cérebros que as conceberam".[13]

---

9   ANDRADE, Elza Maria Ferraz de, op. cit., p. 53-54.

10   RIO, João do. "Questão Teatral, 30 de maio de 1909". In: PEIXOTO, Níobe Abreu. *João do Rio e o palco: Página Teatral*. São Paulo, Edusp, 2009, p. 84.

11   RIO, João do. "Os Artistas Nacionais, 09 de agosto de 1908". In: PEIXOTO, Níobe Abreu. op. cit., p. 73.

12   DORIA, Gustavo A. op. cit., p. 14–18.

13   NUNES, Mario. *40 anos de teatro (1921-25)*, v. 2. Rio de Janeiro: Serviço Nacional de Teatro, 1956, p. 6.

No entanto, havia quem defendesse a qualidade do teatro brasileiro: em outro almanaque teatral, organizado por Alfredo Calainho — também redator do periódico semanal *Binoculo* –, lia-se no prefácio, assinado por Mario X, um recado aos pessimistas:

> Não me venham uns pessimistas imbecis dizer que não há artistas.
> Há tudo, meus senhores pessimistas, artistas, escritores, críticos, público, tudo.
> Artistas, de onde diabo nos virá central melhor que a Leolinda, ingênua superior á Dolores, ator mais correto que o Zeferino, mais consciencioso que o Mattos?
> Escritores, mesmo entre os ditos revisteiros, imorais e não sei que sandices no gênero, há muitos de merecimento, inclusive há sancionados. (...)
> Público, esse não falta, sensato e inteligente (...)
> Temos tudo, artistas, escritores e público. Só nos falta uma coisa: mais patriotismo e menos barriga nos *manda-chuvas* da terra. (...)[14]

E a defesa bastante enfática de historiadores e estudiosos de teatro nos anos 1990 e 2000, não da possibilidade da existência de um teatro nacional de qualidade, mas da compreensão de que toda a discussão acerca da crise dava-se, apenas, num determinado círculo da sociedade carioca do século XIX e XX. É o que lemos no comentário o *Dicionário do Brasil Imperial*:

> As operetas e as revistas foram apontadas como as maiores responsáveis pelo declínio do teatro no Brasil, por deixarem de lado as preocupações literárias, educativas e nacionais, submetendo-se ao gosto das platéias. A idéia de que o gênero ligeiro desviou a evolução teatral brasileira indica que boa parte dos historiadores do teatro reproduziu, no século XX, os preconceitos dos literatos e dramaturgos que, desde

---

14   *Almanach Theatral*, Rio de Janeiro, 1898, p. 3-7.

meados do século XIX, defendiam a reforma realista da arte dramática. Como concluiu Fernando Mencarelli, o teatro considerado nobre – o drama e a alta comédia – perdia para o teatro ligeiro, que atraía a produção e o público, ganhava espaço e se consolidava como uma das mais populares formas de diversão nos teatros do país.[15]

Mais do que "uma das mais populares formas de diversão", Mencarelli e Thiago de Melo Gomes se referem ao teatro de revista como cultura de massas, enfatizando a diferença desta para indústria cultural, e apesar das diversas formulações que recebeu, teve como interseção o fato de todas destacarem a grande capacidade de circulação de informações. Nas palavras de Gomes, a utilização do termo cultura de massas serve "para sublinhar a existência de um grande arsenal cultural disponibilizado para amplos segmentos da população da cidade, que funcionava como campo próprio de articulação de identidades e diferenças".[16]

O teatro de revista colocava em discussão temas e questões em voga no momento e que iam de modas no vestuário a reclamações encaminhadas à prefeitura, debatendo a presença feminina, a crescente visibilidade dos negros, a roça e a cidade e transformando canções em sucessos no Carnaval e fora dele. O humor paródico e os números musicais contribuíam para tornar os debates sobre a atualidade mais divertidos e presentes nas conversas após a saída dos teatros, nas mesas das confeitarias e nos periódicos que circulavam por todos os bairros. Dessa forma, mesmo sem incluir a presença marcante dos palcos amadores, o próprio teatro comercial não estava, absolutamente, em crise. A questão a se considerar era que alguns críticos não viam esse teatro ligeiro ou de revista como teatro; para eles isso

---

15 VAINFAS, Ronaldo (org.). *Dicionário do Brasil Imperial.* Rio de Janeiro: Objetiva, 2002, p. 693. GOMES, Tiago de Melo. *Um espelho no palco: identidades sociais e massificação da cultura no teatro de revista dos anos 1920.* op. cit., p. 34.

16 GOMES, Tiago de Melo. *Idem.*

matava ou ameaçava o que julgavam ser o verdadeiro teatro: dramas e comédias mais refinadas, com bons textos e atores. Teatro para fazer rir não era teatro segundo esses articulistas.

Entre os ataques ou as defesas, a busca de "culpados" ou "inocentes", o debate sobre a "crise do teatro nacional" se esvazia quando o percebemos sob um olhar estrangeiro, que não valorizava os autores e as peças nacionais, o teatro ligeiro ou outros teatros escondidos das manchetes dos jornais, ou simplesmente quando buscamos evidências de outros modos de fazer e assistir as produções teatrais. Detalhes fundamentais foram omitidos ou silenciados por esses literatos como a diversidade das plateias que frequentavam todos os tipos de teatros, a quantidade e a diversidade de espetáculos apresentados todos os dias da semana, e o absoluto esquecimento das dezenas de sociedades particulares que agitavam o meio teatral com peças dos mais variados temas e autores, brasileiros ou estrangeiros.

Para além do teatro considerado ligeiro, de variedades ou comercial – maior sucesso de público e bilheterias – existiam outras formas de fazer e apreciar teatro que quase não mereceram apreciações críticas. O teatro amador, como veremos ao longo desse trabalho, foi parte importante do cotidiano da cidade do Rio de Janeiro e mobilizou muito mais gente do que apenas os sócios e participantes das sociedades particulares ou grupos de trabalhadores.

Plateias heterogêneas nos palcos da cidade

Dentro da cena teatral no Rio de Janeiro, buscamos entender quem ia ao teatro, que público – ou públicos – buscava esses espaços e por que fazia parte dessa atividade cultural tão presente na capital federal.

Na opinião da revista *O Malho*, o público do teatro ligeiro era a "negrada".[17] Mário Nunes diz que eram "almas simples (...), intelectos de cultura rudimentar".[18] Essa opinião era sustentada pelo cronista desde 1913, quando ele já separava o público das temporadas estrangeiras, que seria formado pela "elite social" e que teria sido apelidada por João do Rio como os "300 de Gedeão". Estes seriam a camada mais culta, figuras de representação nas letras, nas ciências, na política e nas finanças, "gente viajada e de dinheiro". O "outro público" teria se formado no circo e visava apenas a diversão. No entanto, ele faz uma observação em relação as companhias lusas: "contavam elas com uma terceira categoria de público, o formado pelos portugueses que aqui viviam, sendo numerosa a colônia (...). Depois, a língua, que é a nossa, compreensível de todos, atraía, face a excelência dos artistas, não só a elite, como elementos da classe média (...). Na verdade, porém, essas temporadas, todas elas, exerceram benéfica influência na formação de um público para teatro de categoria."[19]

Foi o próprio João do Rio que definiu a relação entre público e teatro, em uma crônica de 1909: "Público não tem patriotismo e *teatro para ele é um prato como outro qualquer*. Só tem frequência o restaurante que parece melhor".[20] Por causa dessa crônica ele recebeu diversas cartas, inclusive de atores que o acusaram de querer lhes tirar o pão.[21]

Fialho de Almeida, médico e escritor português, afirma que a "pequena burguesia" prefere, em geral, os espetáculos cômicos aos sérios, explicando porque este era o público das comédias ligeiras:

---

17   "Teatros". *O Malho*, n°1.197, 22 ago. 1925. In: GOMES, Tiago de Melo. *Um espelho no palco*, op. cit., p. 128.

18   NUNES, Mario. *40 anos de teatro*, op. cit., v. 2, p. 146.

19   NUNES, Mario. *40 anos de teatro*, op. cit., v. 1, p. 31-32.

20   RIO, João do. "Questão Teatral". op. cit..

21   RIO, João do. "Os artistas nacionais e o teatro municipal", 06 jun. 1909. In PEIXOTO, Níobe Abreu. *João do Rio e o Palco*, op. cit., p. 85.

> Eu sei, por exemplo, que toda a pequena burguesia que faz de seis a dez horas de trabalho diário, em espaços confinados, escritórios, balcões, secretarias, depois do jantar, chegada a noite, o que deseja é divertir-se e tomar ar. Para ela está, pois, indicado o espetáculo do circo, com o seu âmbito formidável, a arena, os europeus, as luzes, o tumulto, a liberdade inteira de posição, de conversação e *toilette*. E lhe estão indicados também os teatros de revista, comedia, farsa e opera cômica.[22]

Tomando como referência as avaliações de intelectuais e críticos teatrais citados até agora, já identificamos uma diversidade razoável de público: "negrada", "almas simples", "elite social", "portugueses", "elementos da classe média", "pequena burguesia"... Enfim, estamos delineando a polissemia dessas plateias e dos espetáculos encenados na cidade no período pesquisado.

O Rio Musical publicou, em 1922, um comentário dividindo as plateias que assistiam aos espetáculos teatrais em zonas norte e sul:

> A platéia carioca divide-se em duas grandes correntes em zona Norte e Sul (até parece tratar-se de futebol). A do sul que é a de Botafogo e adjacências, frequenta o Municipal (temporada oficial, onde poderá exibir o chic de sua indumentária), às vezes o Palace, quando tem no palco companhias estrangeiras, ou então o Trianon – ponto de espera onde se pode fazer horas para os Tée-tango.
> A do norte, frequentada pelos moradores de outras paragens (a plebe ignora os termos dos habitantes da outra zona) procura os teatros da Praça Tiradentes, etc."[23]

Tiago de Melo Gomes usa a crônica citada para criticar a visão tranquilizadora do cronista a partir do argumento que os teatros do centro tinham todo tipo de público e que esse público

---

22 Apud PAIXÃO, Múcio da. *O Theatro no Brasil* op. cit., p. 569.

23 "Defronte do palco". *O Rio Musical*, v. 1, n. 6, 1 jul. 1922. In: GOMES, Tiago de Melo. *Um espelho no palco*, op. cit., p. 49.

se misturava nas salas e locais de diversão. Os historiadores e estudiosos de teatro da atualidade já nos mostraram a impossibilidade de dividir o público entre "elite" e "suburbanos". Mais do que isso, o cronista do periódico aponta uma geografia equivocada da cidade, uma vez que havia diversão em todos os bairros, apesar de uma concentração de teatros no centro do Rio. Os diversos bairros das zonas sul, norte e oeste tinham teatros e divertimentos locais, além de participantes que se propunham não apenas se divertir, mas debater idéias através dos diferentes temas abordados nas peças que encenavam. Peças essas nacionais ou estrangeiras. Os significados desses divertimentos eram diferentes para os diversos indivíduos frequentadores de espetáculos teatrais. Os sentidos dos textos apresentados variavam conforme as apropriações que cada um desses sujeitos fazia e isso também mudava dentro dos diversos grupos.

Nos anos 1920, contamos com uma novidade que também leva esse público variado às salas de espetáculos: o teatro por sessões. Essa nova modalidade teatral aparece, principalmente, em função do crescimento dos cinemas nos bairros do Rio de Janeiro. Eram roteiros curtos em que se encontrava uma gama cada vez maior de autores brasileiros. Era comum, antes do filme começar, assistir a uma peça de um ato, por exemplo. Essas peças mais curtas eram extremamente criticadas pelos literatos da época que as julgavam teatro de má qualidade, interessados mais no lucro do que na arte.[24] O teatro por sessões era também uma forma de aumentar a arrecadação, já que numa mesma noite podiam acontecer até três apresentações teatrais. No entanto, eram comuns histórias sobre o cansaço dos artistas na última sessão e por isso eventos inéditos podiam acontecer, como foi o caso de Otília Amorim no São José:

---

24   PAIXÃO, Múcio da. *O Theatro no Brasil*, op. cit., p. 260.

> Representava-se a revista *Contra a mão*. A orquestra toca a introdução de um número que Otília Amorim devia cantar. Otília não estava disposta, ao que parece, olhou desanimada para o auditório escasso, sorriu e ficou muda. O maestro pensando ser distração da atriz repete o intróito e Otília, nada! Não queria cantar, e a orquestra prossegue sozinha. Então, João de Deus não se conteve e, com aquele tom de molecagem que tão bem vai aos papéis que, por vezes, interpreta, disse:
> — Assim, minha nêga, castiga, castiga esses trouxas que vieram na terceira sessão.
> E o teatro riu, riu com tamanho estrépito, que parecia estar completamente cheio. Somos, dessa noite em diante, dos que não perdem a terceira sessão do Teatro São José.[25]

Fernando Mencarelli destaca dois termos usados por Arthur Azevedo em suas crônicas que valem a pena serem pensados. Primeiro, vamos a fonte:

> O público – tenho me cansado de o repetir – só se afasta do teatro quando as peças não o atraem. A sociedade, sim, não há de contar com ela, mas o público vai e há de ir ao teatro, contanto que não seja para se enfastiar (...) A vida está cara, é verdade, mas o teatro, aqui como em toda parte, é gênero de primeira necessidade.[26]

"Público" e "sociedade" são ressaltados na crônica como excludentes e complementares. Enquanto "sociedade" se refere aos grupos financeiramente mais favorecidos e às elites letradas da capital, "público" tem um sentido mais largo, abrangendo um outro gosto, um outro padrão cultural. Esse termo é muitas vezes substi-

---

25   NUNES, Mario. *40 anos de teatro*, v. I, op. cit., p. 179.

26   AZEVEDO, Arthur. "O Teatro". *A Notícia*, Rio de Janeiro, 27 jan.1898. In: MENCARELLI, Fernando Antonio. *Cena aberta*, op. cit., p. 139.

tuído pelo próprio cronista pela expressão "massas".[27] Essa questão não se afasta do que se discutia em relação à qualidade das peças, ou seja, para agradar as pessoas que vão ao teatro, os autores optavam por escrever comédias ligeiras, revistas e operetas.

O escritor Lima Barreto defende que o público queria ver "cousas actuaes" no palco e por isso escolhia as revistas: "Não há, portanto, o chamariz das pernas, do maxixe, do trololó; o que há é que a revista atende a uma necessidade mental do nosso povo, e é só por isso que ela vai e faz sucesso".[28] Portanto, para serem vistos e ouvidos os autores teatrais precisavam se sensibilizar com as questões do dia a dia que afetavam os sujeitos que frequentavam esse teatro, de modo a atrair e disputar os públicos. Enfatizando esse plural, uma vez que estamos falando da heterogeneidade e da polissemia presentes aí. As vozes desses personagens anônimos eram ouvidas não apenas nos debates que se seguiam aos espetáculos, mas também nas colunas dos jornais, nos cafés e nos próximos textos que seriam escritos.

O teatro Lírico, apesar de conhecido por ser frequentado pela "sociedade" e de manter um repertório principalmente de óperas, não escapava da heterogeneidade do público, que freqüentava e marcava presença nas torrinhas; parte mais alta e distante do palco e, por isso mesmo, mais barata, podendo ser ocupada por uma platéia mais diversificada. Andrea Marzano, que definiu teatro como uma mistura de "tribuna, escola de costumes, oportunidade de ascensão social, chance de exibir jóias e vestidos ou simples entretenimento",[29] comenta que havia lugares mais baratos do Lí-

---

27 MENCARELLI, Fernando Antonio. *Cena aberta*, op. cit., p. 139.

28 BARRETO, Lima. "O Theatro nacional: males, preconceitos e remedios". *O Theatro*. Rio de Janeiro, n. 5, de 25 mai. 1911.

29 MARZANO, Andrea. "A magia dos palcos: o teatro no Rio de Janeiro do século XIX". In: MARZANO, Andrea; MELO, Victor Andrade de (orgs.). *Vida divertida: histórias do lazer no Rio de Janeiro (1830-1930)*. Rio de Janeiro: Apicuri, 2010, p. 97.

rico que, provavelmente, eram ocupados por espectadores menos abastados interessados em óperas, flertes teatrais, exibições do público e quaisquer atrativos daquele teatro. A autora faz, aliás, uma deliciosa descrição dos flertes nas platéias e camarotes, buscando em romances referências ao uso dos binóculos para ver os espectadores, muito mais do que o palco. E comenta sobre o personagem escravo, de Joaquim Manuel de Macedo no romance *A moreninha*, que frequentava o Lírico tendo papel fundamental na entrega de mensagens amorosas e quase protagonizando a dinâmica do flerte nas poltronas do teatro.[30] Ora, um escravo no teatro! Ainda que fosse num romance, a ideia parece fortalecer a diversidade dos públicos de teatro. Luiz Edmundo faz uma descrição divertida dos estudantes nas torrinhas:

> No Lírico, a torrinha é mais fina. Gente educada. Estudantes das escolas superiores, militares de galão, povo que não quer fazer grande *toilette*, pessoas que querem ir, todas as noites, ao teatro sem despender muito dinheiro...
>
> Nos grandes espetáculos de ópera, a estudantada organiza, enquanto o pano não sobe, verdadeiros espetáculos de comédia: Olhem o dr. Ataulfo, que pôs uma casaca nova! Uma rodada de palmas pela casaca nova do dr. Ataulfo!
>
> E desaba uma barulheira infernal. Berra-se por vezes:
>
> O dr. Euclides Barroso cortou o cavanhaque. Ficou melhor!
>
> E o teatro, em peso, glosando o cavanhaque cortado do dr. Barroso:
>
> Ficou melhor! Ficou melhor! Ficou melhor!
>
> A polícia intervém. O delegado, em pessoa, sobe. Fala. Pede. Não arranja nada. Na primeira oportunidade a platéia sofre o apupo e a pilhéria da torrinha.[31]

---

30   MARZANO, Andrea. *Cidade em cena*, op. cit, p. 46-53.

31   EDMUNDO, Luiz. *O Rio de Janeiro do meu tempo*. Brasília: Senado Federal, 2003, v.1, p. 276.

Apesar da descrição acima falar em "gente educada", "mais fina", não é o que vemos na atitude desses estudantes. Podemos identificar aí mais uma brecha dentro do teatro para o ruído das ruas. Ao lado das damas e senhores vestidos na última moda, viam-se os espectadores da galeria, que frequentavam o teatro "todas as noites", sem pagar caro pelos ingressos. Arthur Azevedo também comenta sobre a torrinha do Lírico e defende a sua, nada singela, barriga:

> Estava ali a rapaziada das nossas escolas superiores, travessa, gaiata, buliçosa como a sua idade, a achar graça e espírito na mais insignificante das coisas, na casaca envergada por um comendador barrigudo, em um dos monstruosos chapéus de uma senhora qualquer, na pose efeminada de um *gommeux*, em tudo, enfim, que lhe pudesse servir para a crítica galhofeira. Não vos parece (...) extravagante essa opinião de que os espectadores das torrinhas (estudantes ou não) tenham o direito de ridicularizar, apupar e envergonhar os comendadores que sejam barrigudos ou os barrigudos que sejam comendadores? Não creio que ter barriga e comenda seja uma ignomínia social que impeça qualquer cidadão honesto de ir ao teatro sem o receio de ser vaiado.[32]

Comportamentos inusitados contavam ainda com declamações de alguns jovens estudantes que, nos intervalos, liam versos que tinham escrito para suas atrizes preferidas, chegando a se dividir em partidos rivais de admiradores desta ou daquela atriz e a publicar pequenos periódicos que podiam provocar confusões nas noites de espetáculo.[33]

Muito provavelmente foram essas atitudes que levaram ao decreto número 6562, de julho de 1907, que aprovou o Regulamento para a inspeção dos teatros e outras casas de diversões públicas no

---

32 AZEVEDO, Arthur. "O Teatro". *A Notícia*, Rio de Janeiro, 27 jan. 1898. In: MENCARELLI, Fernando Antonio. *Cena aberta*, op. cit., p. 143.

33 MARZANO, Andrea. *Cidade em cena*, op. cit., p. 66.

Distrito Federal. Esse regulamento, parte decisiva numa tentativa de controle e censura teatral, determina desde o espaço físico até as representações de peças e cantos que não poderiam fugir ao programa, nem ofender os bons costumes e, no capítulo IV, define o comportamento dos espectadores. O parágrafo primeiro do artigo 9º determinava que os espectadores deveriam:

> Não incomodar quem quer que seja durante o espetáculo, nem perturbar os artistas durante a representação, salvo o direito de aplaudir ou reprovar; não podendo, em caso algum, arrejar á caixa do palco objetos que molestem as pessoas, nem fazer motim, assuada ou tumulto com gritos, assobios ou outros quaisquer atos que interrompam o espetáculo ou sejam contrários a ordem, sossego e decência no recinto do edifício.[34]

Controlar o público dos teatros não era exatamente uma novidade criada por esse decreto. Em 1824, um edital de 29 de novembro estabelecia o controle sobre as peças teatrais com o objetivo de também fiscalizar o comportamento do público com a proibição de "falar alto".[35]

Apesar das tentativas de controle, as plateias se faziam ouvir através de protestos na imprensa[36] e pressionavam empresários e autores a levarem à cena suas preferências estéticas e temáticas, deixando a figuração e assumindo o papel de protagonista no teatro carioca.

No entanto, apesar da fama de levar a elite carioca para o teatro, não eximia o Lírico de sofrer com a ausência de público. Uma solução para o problema, sugeria Azevedo, era a presença mais constante das

---

34   PAIXÃO, Múcio da. *O Theatro no Brasil*, op. cit., p. 498-499.

35   "Regulamentação da Profissão de Artista. O resultado da união da classe e do governo". Suplemento da revista *Amiga*, n. 446, dez. 1978.

36   Andrea Marzano faz citações do *Jornal do Commrrcio*, do ano de 1867, de reclamações de espectadores a respeito de transferências e cancelamentos de espetáculos. MARZANO, Andrea. Cidade em cena – op. cit., p. 95,96.

autoridades públicas no teatro. Luiz Edmundo dizia que "em 1901, o Lírico, sem o imperador e sem canja, é um casarão de precária grandeza".[37] Urbano Duarte, num sentido mais amplo e também fazendo coro a Arthur Azevedo, acreditava que o incentivo do governo era fundamental para estimular o teatro de qualidade: "Não recebendo um real de subvenção dos cofres públicos, os empresários tornam-se escravos do gosto das plateias, sob pena de fecharem as portas".[38]

Andrea Marzano enfatiza que, muito provavelmente, foi o engajamento dos romancistas da segunda metade do século XIX nos projetos de civilização do Império que influenciou com suas descrições dos espetáculos e plateias, "contribuindo para a construção de uma memória *glamourosa* a respeito sobretudo dos teatros Lírico e São Pedro".[39]

Dessa forma, encontramos nesse teatro comercial um público variado e participativo, que marcava presença em todos os gêneros teatrais e que o usava, não apenas como um espaço de lazer, mas também como um espaço de debates de temas polêmicos, de crítica social e política. O teatro se constituía, assim, em um instrumento de discussão e de transformação do cotidiano da capital.

Espaços geográficos e sociais do teatro amador

Se olharmos com mais cuidado essa cena teatral carioca e focarmos o circuito amador, veremos que o teatro de revista também estava presente, mas dividia o espaço com outros gêneros e propósitos. O drama, a alta comédia, as peças mais politizadas também eram apresentadas com regularidade pelos grupos de amadores, divididos em grêmios, clubes ou sociedades. Havia, pelo menos, três

---

37 EDMUNDO, Luiz. *O Rio de Janeiro do meu tempo*, op. cit., p. 266.

38 Carta de Urbano Duarte transcrita por Arthur Azevedo em "O Teatro". *A Notícia*, 17 nov. 1898. Apud: MENCARELLI, Fernando Antonio. *Cena aberta*, op. cit., p. 153.

39 MARZANO, Andrea. *Cidade em cena*, op. cit., p. 52.

categorias de grupos amadores atuando no teatro: os trabalhadores, que inclui os militantes operários, os grupos nacionais de imigrantes e os mais abastados da capital. Encontrei ainda alguns nomes de clubes dramáticos que indicam um teatro negro, porém a ausência de documentos específicos desses grupos não me permitiu uma análise mais aprofundada desse espaço de atuação amadorística.

Além da diversidade social dos grupos amadores e dos tipos de peças apresentadas, pude localizar as sedes dessas sociedades: foi surpreendente encontrar tantos grupos teatrais espalhados pelos arrabaldes da cidade, mas além disso, uma concentração significativa no centro da capital.[40] Essa descoberta contraria a afirmação de memorialistas e estudiosos de teatro que repetiram o que sempre era dito: que o "teatrinho", como era chamado por vários articulistas, estava presente nos diversos bairros do Rio de Janeiro, mas deslocavam esses grupos da região do centro, onde, segundo eles, era a área do teatro comercial. A percepção dessa convivência dos diferentes teatros no Centro muda o conceito que se tinha até então do que era teatro amador no final do século XIX e início do XX. O uso do termo teatro no diminutivo não era, absolutamente, apropriado para o espaço geográfico e social que os amadores ocupavam no Rio de Janeiro.

Buscando reunir evidências sobre o número e a localização dos palcos amadores espalhados pelo Rio de Janeiro entre 1865 e 1920, consultei as inúmeras memórias sobre o teatro, referências esparsas em memorialistas, periódicos e críticas teatrais. Foi possível identificar o significativo número de 141 diferentes locais onde grupos amadores faziam teatro, identificados como grêmios, clubes, palcos, grupos dramáticos, teatrinhos e sociedades amadoras.

Os pedidos de licença para funcionamento encaminhados pelos grupos teatrais à polícia do distrito federal, no período entre 1903

---

40   Apenas no centro do Rio foram encontrados vinte grupos amadores, além de mais quatro na Cidade Nova, Morro do Pinto, S. Domingos e Saúde, também na região central.

e 1922, e os estatutos anexos permitiram ampliar o mapeamento da disseminação do teatro amador na cidade, reconhecer quem compunha esses grupos, quais as suas motivações para fazer teatro amador, além de compreender em que medida os nomes diversos pelos quais eles se identificavam são indicativos de diferenças existentes entre eles e os modos de fazer teatro amador na cidade.

O mapa a seguir organiza as referências reunidas na pesquisa sobre os grupos amadores de teatros distribuídos por diferentes bairros da cidade. Não houve a intenção de localizar com exatidão, mas apenas oferecer elementos para analisar a disseminação dos grupos amadores na cidade. Dos 141 nomes de grupos amadores encontrados, identifiquei os endereços de 94 grupos, que estão localizados no mapa; outros seis clubes com sedes em ruas existentes em mais de um bairro não estão apontados no mapa, assim como os endereços dos outros 41 grêmios, sociedades e clubes que não foram identificados.

TEATRO AMADOR

LOCALIZAÇÃO DOS GRUPOS AMADORES DE TEATRO
DO RIO DE JANEIRO

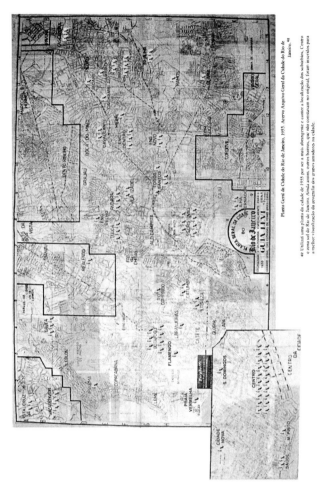

Planta geral da cidade do Rio de Janeiro, 1955. Acervo: Arquivo Geral da Cidade do Rio de Janeiro.[41]

---

41   Utilizei uma planta da cidade de 1955 por ser a mais abrangente e conter a localização dos subúrbios, centro e zona sul do Rio de Janeiro. Ainda assim, outros bairros, que não constavam no original, foram inseridos para a melhor visualização da geografia dos grupos amadores na cidade.

Como mostra o mapa e destacou Luiz Edmundo, os teatros amadores estavam por toda a cidade, inclusive no Centro, próximos às casas de espetáculos famosas pelo teatro ligeiro. Eram mais de vinte organizações amadoras na região central da capital e alguns bairros se destacam com um número surpreendente de teatros, como São Cristóvão e Botafogo – com sete cada um – e Riachuelo com cinco; ou, ainda, a presença desses grupos em bairros muito distantes do centro naquele momento, como Santa Cruz, Jacarepaguá, Realengo ou Cascadura.

Entre os sete grêmios encontrados em Botafogo, havia o Gremio Amadoras da Flor de São João, que pretendia "ser dançante, recreativo e familiar", formado apenas por senhoras ligadas à Sociedade Musical Flor de São João.[42] No Centro, a Estudantina Furtado Coelho também estava ligada ao grêmio dramático de mesmo nome que, segundo os estatutos, era quem determinava as regras para os dois grupos, sendo a diretoria formada pelas mesmas pessoas.[43] Com características bem distintas de outros clubes, havia o Centro Galego, com sócios que deveriam ser de Galiza ou ser filho de pai galego – apesar de aceitar os brasileiros, portugueses ou provenientes de outras províncias espanholas –, mas em categoria diferente dos primeiros. Os estatutos do Centro Galego são muito específicos em relação às homenagens, festas e atos patrióticos que deveriam cumprir; além disso, também tinham uma forte preocupação com a educação dos participantes e filhos de participantes. Outro clube cujo nome indica ser constituído por imigrantes, o Luzitano Club,[44] no entanto, não fazia distinção de nacionalidade dos sócios. Uma preocupação comum de todos eles era com a criação de uma biblioteca para os associados. Essa preocupação também estava presente entre os membros do Recreio Dramatico Juven-

---

42　DP, caixa GIFI 6C 432. Arquivo Nacional.

43　DP, caixa GIFI 6C 170. Arquivo Nacional.

44　DP, caixa IJ6 649. Arquivo Nacional.

tude Portugueza[45] e no Theatro Club[46] ou no Gremio Dramatico Taborda,[68] sediados no centro do Rio de Janeiro. Ainda nessa área, encontrei, pelo menos, dois grupos mais ligados aos operários e seguidores da ideologia anarquista, que eram: o Grupo Dramatico Teatro Livre e o Grupo Dramatico Anti-Clerical.

Já em São Cristóvão, o Club Dramatico de São Cristóvão teve problemas sérios com a polícia em 1907, o que acarretava dificuldades na concessão da licença de funcionamento. Localizado na rua Senador Alencar, o clube tinha, entre os membros da diretoria, o professor do internato do Ginásio Nacional, Benedito Raymundo da Silva, o guarda-livros Joaquim de Castro Rocha, o funcionário público Frederico Fonseca, o funcionário da Sociedade Nacional de Agricultura, Octavio Campos da Paz, e o negociante Alfredo Moreira de Oliveira. Os motivos da acirrada discussão eram vários: o horário de encerramento contra as ordens da delegacia – três e quatro horas da manhã –, o tesoureiro ter sido processado por ser banqueiro conhecido do jogo do bicho e também por ofensas físicas, além da apreensão, na sede, de apetrechos de jogos proibidos como dados, panos verdes, trombones, copos de couro e fichas. O clube contra-argumentou dizendo já ter feito mudanças na diretoria e que "os objetos encontrados faziam parte do corpo cênico" e, não eram para jogos proibidos. Diferente das amadoras de São João, o clube não fazia distinção de sexo e admitia sócios entre quinze e vinte e um anos, com autorização dos responsáveis e posição definida; contava com corpo cênico próprio e um diretor de cena – escolhido pela diretoria, com plenos poderes para agir na esfera de suas atribuições, devia apresentar com antecedência a peça escolhida para o espetáculo do mês seguinte junto com um orçamento, era responsável pelo quadro dos amadores e tinha que apresentar um relatório anual dos fatos concernentes ao seu cargo. Determinava

---

45   DP, caixa IJ6 563. Arquivo Nacional.

46   DP, caixa IJ6 595. Arquivo Nacional; DP, caixa IJ6 597. Arquivo Nacional.

Luciana Penna-Franca

ainda que os familiares e convidados dos sócios deveriam sentar nas últimas filas de cadeiras do teatro; forte indicativo que os outros lugares eram ocupados por quem comprava os ingressos para os espetáculos.[47]

Os estatutos localizados demonstram a organização rígida desses grupos, contrariando as especulações de alguns articulistas de que amadores reuniam-se de forma espontânea para fazer teatro ou, mostra que o tratamento no diminutivo, "teatrinho", poderia indicar menosprezo social mas não a desarticulação desses grupos.

Além dos periódicos, os estatutos dos clubes, grêmios e sociedades e os pedidos de licença para funcionamento também contribuíram para tornar visível a presença significativa do teatro amador próximo aos grandes teatros e companhias teatrais profissionais, estas sim concentradas no centro da cidade. O "teatrinho" abarcava artistas dos mais diferentes grupos sociais, atraía plateias que se mostraram diversificadas e que tinham uma voz atuante e transformadora não apenas de seu cotidiano domiciliar, mas também no ambiente de trabalho, nas associações de trabalhadores, nas rodas sociais que frequentavam e na construção de um novo e moderno Rio de Janeiro.

> (...) Nos subúrbios, onde muitos deles *(amadores)* existiram ou existem nesses palcos d'amadores dramáticos, não raras as organizações d'artistas se revelaram. Algumas delas são hoje, nos vários clubes ou no grande teatro, vultos queridíssimos pelos seus méritos. Podemos citar entre outras Lucilia, Carmen Azevedo, Cintra, etc.[48]

Segundo *A Época Theatral*, os grupos amadores viviam em locais distantes e atuavam nos subúrbios da capital, organizados em clubes, centros cômicos e centros dramáticos. É uma visão bastante comum

---

47   DP, caixa GIFI 6C 251. Arquivo Nacional.

48   *A Época Theatral*, suplemento da tevista *Lettras e Artes.*, ano I, n. 1, 22 set. 1917, p. 2.

quando recorremos aos estudos e "histórias do teatro" que mencionam o teatro amador. Quase sempre de passagem e sem avaliar seu conteúdo, como faz Mario Nunes, ao se referir ao ano de 1921: "Nos últimos meses do ano houve um movimento interessante. Desesperançadas as companhias nacionais de encontrar teatros no Centro, invadiram os cines-teatro dos arrabaldes, com relativo êxito pecuniário".[49]

No entanto, é possível localizar opiniões diferentes em Arthur Azevedo, que na peça *O Mambembe*, através do pretendente de *Laudelina*, comenta que seria difícil afastá-la do teatro já que "há teatrinho em todos os bairros". Ou o memorialista Luiz Edmundo, em *O Rio de Janeiro do meu tempo*, que afirma que esses teatros estavam em todos os recantos da cidade, e não apenas nos subúrbios:

> Não há recanto da cidade, por mais remoto, por mais despovoado que seja, que não se orgulhe de possuir *um palcozinho, um grupo de amadores*, e, o que é melhor, uma numerosa e entusiástica platéia.
>
> Possuímos, no centro, o Hodierno Club, instalado no casarão do Teatro Fênix, que espera a picareta de Passos, tendo por ensaiador o melhor técnico, que no gênero possuímos, o velho Heller. Além do Hodierno, há o teatro do Ginástico Português, o do Clube da Gávea, o do Grêmio de Botafogo, o do Elite, do Andaraí, o do Tijuca e o do S. Cristóvão. Há-os em Catumbi, no Itapiru, nas Laranjeiras, na Saúde (Clube Talma), no Campinho, em Cascadura e até em Jacarepaguá.[50]

Em 1943, Escragnolle Doria publica um artigo lembrando os teatros amadores cariocas e diz que no Rio de Janeiro não houve bairro sem teatros amadores e cita Botafogo, Vila Isabel, Catumbi e São Cristóvão "para só citar quatro opostos".[51]

É possível pensar que essa disseminação do teatro amador

---

49   NUNES, Mário. *40 anos de teatro*. op. cit., v. 2, p. 5.

50   EDMUNDO, Luiz. *O Rio de Janeiro do meu tempo*, op. cit., p. 280.

51   "Teatros de Amadores". *Revista da Semana*, 26 jun. 1943, p.19.

ocorreu paralelamente à expulsão da população do centro da cidade em direção as zonas norte e sul, em função das diversas intervenções urbanas do princípio do século XX. O "teatrinho" ocupava, na verdade, espaço significativo na capital, não apenas nos arrabaldes, como vimos, e concorria intensamente com o teatro comercial.

Quem são esses amadores, por que optaram pelo teatro amador, quem era o público frequentador de teatro amador na capital são questões que discutiremos no próximo capítulo.

EM BUSCA DOS AMADORES

Uma imprensa para o teatro

Ao iniciar a pesquisa, logo ficou evidente o número significativo de jornais e revistas dedicados, na sua maioria, especificamente ao teatro, voltados para a discussão de temas e aspectos de interesse de atores, público e companhias teatrais. E, mais ainda, a existência de colunas e seções ou até de títulos específicos voltados exclusivamente para o teatro amador. As coleções de periódicos localizados nas instituições de pesquisa do Rio de Janeiro começam a partir de 1839 e vão até a década de 1920,[1] mas, em busca das questões pesquisadas, selecionei periódicos editados a partir da década de 1880 até os anos 1920. Grande parte dos exemplares encontrados são apenas os primeiros números do primeiro ano de sua edição, o que impediu acompanhar suas propostas e interesses ao longo do tempo. Alguns possuem diversos exemplares que continuam ao longo dos anos, mas estes são em menor número.

Tais periódicos são significativos no Rio de Janeiro, tanto em número – foram encontrados mais de cem periódicos que falavam sobre teatro no período entre 1850 e 1920 – ,quanto em diversi-

---

1   Alguns desses títulos se encontram no IHGB e outros nos setores de periódicos e obras raras da Biblioteca Nacional. Alguns já estão disponibilizados na hemeroteca digital da Biblioteca Nacional.

dade – podiam pertencer a clubes dramáticos, grupos operários, imigrantes, artistas, além das seções e colunas sobre teatro mantidas pela imprensa de grande circulação –, e nos permitem levantar, ainda que estritamente sob o aspecto quantitativo, uma questão sobre a importância do teatro – e da imprensa – na capital federal. Nas colunas desses periódicos e da crítica teatral, os jornalistas recomendavam peças e companhias de atores, debatiam necessidades do meio, como a criação da escola dramática ou mais textos de autores brasileiros, comentavam sobre as salas de teatros, a tradução de textos estrangeiros e a atuação dos artistas.

A imprensa tomou ativamente parte na constituição de públicos, autores e companhias teatrais na cidade além de formadora de opinião sobre teatro. Liam-se nos jornais as críticas teatrais, a divulgação das peças em cartaz, as histórias peculiares que aconteciam nos teatros da cidade, a convocação de artistas para ensaios e convites aos leitores para participar dos eventos promovidos por este ou aquele clube ou grêmio dramático. Havia biografias de atores e atrizes e discussões que, muitas vezes, deixavam claras as ideias daquele articulista ou crítico. Um exemplo disso foi a discussão sobre a crise do teatro nacional, que ocupou as páginas dos periódicos durante décadas. Nesse sentido, é possível perceber que as páginas desses jornais e revistas constituíam-se como espaços de expressão e atuação de autores teatrais, ensaiadores, diretores, donos de companhias e teatros que tinham a preocupação de criar e manter o vínculo com seus públicos por meio da imprensa; ou eram os próprios que também mantinham colunas dedicadas ao mundo do teatro nos periódicos.

O Espectador – que se apresentava como um órgão consagrado à arte dramática, pertencia a uma associação anônima e manteve publicações com alguma regularidade entre 18 de setembro de 1881 a 25 de outubro de 1885. Em 1883, *O Espectador* mudou seu subtítulo para "órgão consagrado aos interesses theatrais" e também passou a contar com uma tipografia própria, em 1882. Entre comentários sobre o abuso dos cambistas nas portas dos teatros, novidades do meio teatral, fofocas dos bastidores, charadas e elogios ao regulamento de policiamento nos teatros, o jornal fazia críticas e trazia as novidades de alguns grupos amadores. *O Espectador* traz, em uma edição de 1883, uma definição de teatro, que nos leva a compreender as idéias e os grupos sociais que eram defendidos por aqueles que faziam o periódico.

> O *teatro é a melhor tribuna, a melhor escola* para combater e mostrar os vícios que corrompem uma sociedade. Por ele discute-se os mais difíceis problemas, e com vantagem, porque impressiona com arte o espírito do espectador, apresenta-nos sob a forma ridícula o vicio; o perigo a que se expõem os que optam por semelhante mal, e discrimina as boas ações, os pequenos defeitos de educação de um povo e os próprios costumes que o orlam, dando uma perfeita fotografia dos elementos sociais, e são tratados na escola contemporânea pelo drama e pela comedia.[2]

No mesmo editorial, o periódico acrescenta que "pelo teatro pode se avaliar o grau de civilização de uma sociedade, porque [ele] é o espelho refletidor" dessa sociedade e que a abundância de peças francesas contribuíram para que ficássemos "viciados" na escola francesa. E termina comentando que a tendência em menosprezar o "verdadeiro teatro" deu "um golpe de morte na arte dramática".[3] É possível observar o sentido didático que o jornal atribuía ao teatro e seu papel na produção e divulgação de uma determinada moral que o jornalista julgava importante transmitir através do teatro. Mesmo criticando a escola francesa, ele menosprezava o teatro ligeiro, valorizando as óperas e dramas. Os leitores desse jornal

---

2   *O Espectador*, Rio de Janeiro, ano III, n.17, 8 jul. 1883.

3   *Ibidem.*

certamente não estavam entre os trabalhadores anarquistas, mas nos grupos sociais mais abastados e médios da sociedade carioca. O sentido pedagógico do teatro parecia estar presente para todos os públicos que frequentavam as salas de espetáculos.

O periódico *O Theatro*[4] tinha uma tiragem de mil exemplares e uma publicação quinzenal. Seu diretor, Nazareth Menezes, era conhecido no ramo jornalístico e contava com colaboradores famosos, como o próprio Lima Barreto. Além de fotografias de artistas, críticas e novidades ligadas ao teatro, todos os exemplares consultados desse periódico traziam uma coluna intitulada "Amadores", assinada por J.R. Foi nesse jornal que Lima Barreto expressou várias opiniões acerca do teatro de revista e dos interesses empresariais do qual o teatro comercial não conseguia se libertar. Em 1920, A.Ventura escreveu a coluna "O Theatro de Amadores" no jornal *Comédia*,[5] dedicando um espaço considerável ao chamado "teatrinho"; comentava o aparecimento de novos grupos e as estreias que estavam acontecendo. Mesmo numa imprensa voltada para o teatro comercial, os amadores se faziam presentes.

Não obstante, havia inúmeras publicações pertencentes aos grupos amadores, como *O Amador*,[6] pertencente ao Club Dramatico Gonçalves Leite – que existia há 26 anos –, com sede em São Cristóvão, que contava com colaboradores diversos para falar sobre teatro e dar notícias específicas sobre os ensaios e eventos do clube dramático. *A Lyra* – órgão da Arcádia Dramatica Esther de Carvalho –, tinha sede na rua de São Pedro e contava histórias de artistas amadores, anunciava os acontecimentos do Arcádia, publicava peças, como a comédia de um ato *Um tolo como há muitos* e comentava os bailes dos participantes.[7] O Arcádia Dramatica Esther

---

4   *O Theatro*, Rio de Janeiro, ano I, n.2-11, maio/jul. 1911.

5   *Comédia*, Rio de Janeiro, ano V, n.137, 24 abr. 1920.

6   *O Amador*, Rio de Janeiro, ano I, n.1, 8 set. 1888.

7   *A Lyra: órgão da arcádia dramática Esther de Carvalho*. Rio de Janeiro, ano I,

de Carvalho substituiu o Atheneu Dramatico Esther de Carvalho, que também tinha seu periódico, *O Jasmim*.[8] *O Delormista*, órgão consagrado ao theatro fluminense e ao grupo delormista,[9] e o *Amador*, órgão do Club Terpsychore,[10] apesar de não terem sido consultados porque seus exemplares já se encontram ilegíveis, podem somar-se aos periódicos pertencentes a clubes amadores. Encontrei ainda *O Artista*, órgão da Sociedade Dramatica Particular Furtado Coelho, de setembro de 1903 e *A Aspiração*, do Grupo Dramatico João Caetano, de agosto de 1898.

Além desses periódicos de menor circulação, os jornais diários e as revistas *Fon Fon*[11] e *O Malho*,[12] por exemplo, também reservavam um espaço para tratar do teatro. O mesmo fazia o *Almanaque Suburbano*, que pretendia atender o "público inteligente e progressista que habita nos subúrbios",[13] assim como os boletins e anuários que eram também fontes de divulgação do que acontecia no meio teatral e, mais ainda, de necessidades vividas pelos artistas, como fazia, por exemplo, o *Anuário da Casa dos Artistas*, fundado pelo ator Leopoldo Fróes, em 1918. O almanaque do jornal *O Theatro*, por exemplo, pretendia ser mais fino que o *Laemmert* e se dedicar a assuntos leves e atraentes. O jornal que lhe deu origem durou nove meses e foi fundado por Anatólio Valladares, que só falava de assuntos de teatro em geral. *O Theatro*, segundo ele, não dava lucro

---

n.1, 8 set. 1888.

8   *O Jasmim: órgão do Atheneu Dramatico Esther de Carvalho*. Rio de Janeiro, ano II, n.7 e 8, 31 mar. e 21 abr. 1888.

9   *O Delormista: órgão consagrado ao theatro fluminense e ao grupo delormista*. Rio de Janeiro, 31 mar. 1889.

10   *Amador: órgão do Club Terpsychore*. Rio de Janeiro, Ano IV, n.2, 14 ago. 1886.

11   *Fon Fon*, 27 set., 1924.

12   *O Malho*, n. 1010, 21 jan. 1922.

13   *Almanaque Suburbano*, criado por Coriolano Rossi, proprietário e dono da Tipografia Suburbana, na rua Engenho Novo. Era dirigido por Eduardo Magalhães. As publicações encontradas são de 1911 e 1912.

porque, apesar do sucesso, era vendido em números avulsos.

Outros pequenos jornais como *O Album*,[14] que tinha Arthur Azevedo como diretor, *A Caravana* – revista literária e artística – [15] dirigida por Candido Campos; *A Trepação*, "seminário humorístico, crítico, satyrico, theatral e indiscreto",[16] *O Binoculo*, "órgão comercial, literário, esportivo, theatral e noticioso",[17] *A Falena*, revista semanal ilustrada, literária, humorística, esportiva e cinematográfica;[18] *A Epoca Theatral*, suplemento da revista *Lettras e Artes*,[19] além do *Anuário da Casa dos Artistas*[20] e o *Boletim da Sociedade Brasileira dos Autores Teatrais*;[21] todos tratavam de assuntos teatrais e neles obtive pistas importantes sobre peças, organização, objetivos, composição, localização de grupos amadores e eram importantes formadores de público teatral.

Os inúmeros jornais e revistas encontrados variam em propostas, objetivos e grupos que os produziam. São testemunhos de que o teatro era uma prática social significativa e ocupava um lugar preciso na sociedade, intervindo em opiniões e atitudes. Podiam pertencer a um clube dramático e pretender "moralizar a sociedade ensinando-lhe como se desafronta graves ofensas, qual o fim sinistro de uma paixão ouvida desregrada, as flores que recebem os heróis do bem e os grilhões que oprimem os heróis do mal";[22] po-

---

14   *O Album*, Rio de Janeiro, ano I, n. 3, jan. 1893 e n. 28, jul. 1893.

15   *A Caravana*, Rio de Janeiro, ano I, n. 1, 1908.

16   *A Trepação*, Rio de Janeiro, ano I, n. 1, 19 maio 1904.

17   *O Binoculo*, Rio de Janeiro, ano I, n. 1, 19 out. 1898.

18   *A Falena*, Rio de Janeiro, ano I, n. 1, 16 abr. 1921.

19   *A Época Theatral*, Rio de Janeiro, ano I, n. 1, 22 set. 1917.

20   *Anuário da Casa dos Artistas – 1918-1978, 60 anos de luta.*

21   *Boletim da Sociedade Brasileira de Autores Teatrais.* Rio de Janeiro, ano VI, n. 59, maio 1929 e ano XXVII, n. 248, dez. 1948.

22   *O Amador*, ano I, n. 1, 8 set. 1888. Tinha como presidente Antônio Gonçalves Leite.

diam falar mal dos empresários teatrais que lidavam com o teatro como uma mercadoria e selecionavam textos teatrais de autores ligados à imprensa. Pretendiam estimular assim a ousadia de autores e artistas;[23] ou "desenvolver a solidariedade intelectual, cultivando os sentimentos de artes e enaltecendo as virtudes".[24]

Esses periódicos eram, então, mais um recurso na divulgação de ideias, propostas e alternativas e se tornaram fundamentais na história da imprensa e do teatro. Assim, o resgate dessas fontes traz importante contribuição para que esses sujeitos, os que estavam nas manchetes e os que as escreviam, entrem para essa história que estamos construindo.

Um bom exemplo na busca da participação dos leitores/frequentadores de teatro foi o *Almanaque d'O Theatro*,[25] organizado por Adhemar Barbosa Romeo com a colaboração de articulistas como Arthur Azevedo, Olavo Bilac, Coelho Neto, Raul Pederneiras, Bastos Tigre, entre outros. Este almanaque organizou um concurso, em 1906, para saber qual dos amadores era o mais querido do público, na capital, em Niterói e em São Paulo. A resposta teria sido imediata e avassaladora, apesar do próprio almanaque reclamar de algumas "irregularidades" na votação do Rio de Janeiro – interessante notar que as "irregularidades" estavam ligadas a escolha do melhor ator amador, claramente um desafeto dos organizadores. Apenas para dar a dimensão da participação dos leitores/público, os votos para a melhor atriz amadora no Rio de Janeiro somaram 3871 e, para ator amador, 4597 votos. Ainda que cada eleitor votasse em mais de um nome, o que não está especificado no almanaque, é um número deveras grande em se tratando de público para o teatro amador. O número significativo de participantes no concurso

---

23 *O Theatro*. ano I, n. 2, 04 mai. 1911. Esse jornal tinha Nazareth Menezes como diretor.

24 *A Caravana*, Rio de Janeiro, ano I, n. 1, 1908.

25 *Almanaque d'O Theatro*, ano 1, 1906.

para escolher os melhores atores amadores serve também como um indicador do interesse pelo teatro amador e da repercussão que ele podia alcançar na cidade.

Havia ainda os jornais operários, que usavam os espetáculos teatrais de amadores ligados a essas associações para patrocinar suas publicações que propunham melhorias na qualidade de vida desses trabalhadores e divulgavam seus ideais anarquistas.[26] *A Voz do Trabalhador: órgão da Confederação Operária Brasileira*, por exemplo, comenta sobre as festas mensais oferecidas pelo Centro dos Sindicatos e os espetáculos teatrais que lá aconteciam, fazia críticas e anunciava os próximos eventos, divulgando também um balancete do dinheiro arrecadado nessas festas.[27] O jornal de 22 de novembro de 1908 anunciava a festa do dia 28 daquele mês – seria num sábado, com início às oito e meia da noite, no próprio Centro dos Sindicatos Operários e tinha a seguinte programação: Primeira parte – conferência "Tributo de Sangue"; segunda parte: primeira representação pelo Grupo Teatro Livre do drama trágico em cinco atos de Octavio Mirbeau, com tradução do amador Ulisses Martines, *Os maus pastores*, ensaiado pelo ator Mariano Ferre y Goñi – ex-ensaiador do Grupo Dramatico Teatro Social; terceira parte: festa com um baile familiar.[28] Contando, então, com uma palestra, uma peça teatral – de cinco atos – e ainda um baile, essas festas eram um instrumento poderoso na propaganda do pensamento anarquista além de se constituir como lazer, um modo de atrair os trabalhadores, que além de pensar sobre sua realidade, levavam a família para uma noite divertida e animada. A clara pro-

---

26 Como o Grupo Dramatico de Teatro Livre que se apresentou no Centro Galego, em 1907, e colaborou com seus ingressos cobrados no incentivo a publicação dos periódicos *Tierra Y Liberdad* e *Terra Livre*.

27 *A voz do trabalhador: órgão da Confederação Operária Brasileira*. Rio de Janeiro, ano 1, n. 4, 15 ago. 1908 ao ano 2, n. 21, 9 dez. 1909.

28 *A voz do trabalhador: órgão da confederação operária brasileira*. Rio de Janeiro, Ano 1, n. 5, 22 nov. 1908.

paganda anarquista também podia ser vista no periódico *Liberdade*, de 1909, que fazia críticas sobre "os dramas e romances populares que exploram sentimentos baixos, sanguinários e egoístas, que a ignorância cultiva na multidão".[29] Esses jornais eram voltados para a conscientização da classe e o teatro amador era parte importante desse processo pedagógico.

Nesse sentido, qualquer dos públicos a que se destinavam os periódicos que abordavam o tema do teatro, com diferentes objetivos que tinham com suas informações, fossem operários, de grupos médios ou elites, a formação de público e de opinião era parte ativa dessa imprensa teatral.

Os artistas amadores

Buscamos algumas pistas nos cronistas da época para entendermos a visão que esses testemunhos jornalísticos nos davam sobre quem eram esses sujeitos que compunham os grupos amadores e porque se propunham a fazer teatro sem transformá-lo em um meio de subsistência. *A Epoca Theatral*, de 1917, dá algumas pistas sobre essa primeira questão nas palavras do articulista Octuz:

> Conhecemos, porém, a sinceridade e a boa vontade com que quase todos agem, mas o que há são muitos e fundos obstáculos a vencer: os meios da vida, que não o palco, dos amadores, os lugares arredados em que residem, as vantagens numerosas feitas "mais ou menos", etc.
>
> É preciso, porém, e justo que o povo suburbano os auxilie e estimule material e moralmente, com seus aplausos... e com as suas contribuições mensais.[30]

---

29   *Liberdade*. Rio de Janeiro, ano 1, n. 1 - 3, ago./out. 1909.

30   *A Época Theatral*, ano I, n. 1, 22 set.1917, p. 2.

Arthur Azevedo dizia que esses "diletantes" não dependiam da bilheteria para sobreviver e, por isso, eram uma possível solução para a discutida "crise do teatro nacional".[31] Apesar de grande parte de suas crônicas se referir aos amadores "pertencentes às classes altas da sociedade",[32] como ressaltam as organizadoras de *O Theatro*, que compilaram as crônicas de Arthur Azevedo publicadas no jornal *A Notícia*, na coluna semanal intitulada *O Theatro*, no período entre 1894 e 1908, pode-se incluir em suas críticas outros grupos menos abastados, como o funcionário público Castro Vianna:

> Tenho as melhores noticias do desempenho dos papeis, e, ao que parece, mais uma vez o brilhante amador Castro Vianna teve o ensejo de mostrar que nasceu para o theatro, seja embora um simples funcionário público.[33]

Apesar de Azevedo parecer espantado com o fato de um simples funcionário público ser um brilhante ator, ele nos aponta para uma diversidade social entre esses artistas. Outros exemplos são o professor da Escola de Medicina Dr. Chagas Leite, que tinha um teatrinho à Rua Muratóri, o Dr. Bandeira de Gouveia, médico da polícia ou Coelho Magalhães, pai do pintor Gaspar Magalhães e cenógrafo hábil, o escritor e cônsul Ricardo de Albuquerque, Silveira Serpa, promotor público, Cunha Junior e Lupércio Garcia, advogados, o capitalista Augusto Bracet, o corretor de fundos Joaquim Teixeira, Paiva Junior, oficial de marinha ou Francisco Valente, do *Jornal do Brasil*;[34] amadores que atuavam ou escreviam para o tea-

---

31   AZEVEDO, Arthur. "O Teatro", *A Noticia*, 12 nov. 1896. Apud MENCARELLI, Fernando Antonio. *Cena aberta*, op.cit., p. 204-205.

32   NEVES, Larissa de Oliveira Neves e LEVIN, Orna Messer. (orgs.). *O Theatro: crônicas de Arthur Azevedo*. Campinas. Ed. Unicamp, 2009, p. 91.

33   AZEVEDO, Arthur. "O Theatro". In: NEVES, Larissa de Oliveira Neves; LEVIN, Orna Messer. (orgs.). *O Theatro*, op. cit.

34   EDMUDO, Luiz. op. cit., p. 281-282.

tro. No entanto, apesar de terem atuado intensamente nesse meio e deixarem marcas, esses sujeitos ficaram esquecidos pela "história do teatro" brasileiro.

Entre os espaços para amadores freqüentados por essa elite a que se refere Arthur Azevedo, encontramos o Cassino Fluminense, famoso teatro onde eram apresentadas peças por artistas amadores, também levava as "damas e cavalheiros da nossa mais fina sociedade"[35] aos espetáculos de gêneros diversos lá apresentados. Ou a Sociedade do Theatrinho da Rua dos Arcos, situada "no quintal de uma casa ao lado direito de quem vai da rua do Lavradio, próximo ao aqueduto, hoje viaduto da Carioca" que também tinha seus espetáculos "concorridos pela melhor sociedade fluminense".[36]

Mencarelli comenta em nota que

> o teatro de amadores que proliferava na cidade parecia a Arthur Azevedo ser uma grande esperança para o teatro nacional, pois, justamente por não ser profissional e não depender do gosto do público para sobreviver, permitia o cultivo de gêneros e a encenação de peças nem sempre do agrado popular, mas que poderiam respeitar critérios mais "artísticos" e também porque "nos amadores há mais zelo, mais solicitude, mais assiduidade aos ensaios, mais atenção aos conselhos, mais prontidão no decorar dos papéis". Para ele, do "teatrinho" poderia sair o "teatro": "Não quero dizer que amanhã o sr. Fulano ou a Exma. sra. d. Sicrana, que são amadores, abracem a profissão teatral; bem, sei que isso é uma cousa impossível, mesmo independentemente do preconceito que vai aliás desaparecendo. Quero dizer que o artista, não desejando ficar abaixo do amador, se esforçará por elevar-se acima dele; quero dizer que os empresários terão nas representações dos curiosos, realizadas sem a preocupação

---

35   MENCARELLI, Fernando Antonio. *Cena aberta*, op. cit., p. 140.

36   AZEVEDO, Arthur. "O Theatro". In: NEVES, Larissa de Oliveira Neves; LEVIN, Orna Messer. (orgs.). *O Theatro, op. cit.*

da bilheteria, uma orientação segura das novas correntes da simpatia pública em matéria de teatro.[37]

Algumas questões podem ser pensadas a partir daí: primeiro a clara referência à qualidade dos espetáculos amadores. Segundo Arthur Azevedo, eram peças mais cuidadas, mais ensaiadas, às quais seus artistas davam atenção especial. Ele diz ainda que o "teatrinho" poderia ser a solução para a tal crise que os literatos diziam haver no teatro. A partir da boa qualidade dos amadores, os profissionais, num esforço para superá-los, investiriam mais em sua interpretação e formação. Os amadores podem ser vistos, então, como um caminho a ser seguido. Essa ideia é repetida em diversas de suas crônicas, há uma insistência na idéia de que o teatro amador poderia abrir portas para os autores brasileiros elevando, assim, a qualidade do teatro nacional. Dessa forma, Azevedo deixa claro mais uma vez o que ele considerava teatro de qualidade ao falar em "critérios mais artísticos", numa proposta de deixar o teatro ligeiro de lado e valorizar o teatro declamatório, "sério". Esse seria então o papel do teatro amador para o articulista. É por isso que ele se coloca como um entusiasta das sociedades particulares, que não eram uma novidade na cidade, mas que proliferavam por todos os bairros, comprovando o gosto do carioca pela arte teatral. Ele comenta ainda o preconceito que existia em relação aos artistas profissionais e que, apesar de estar desaparecendo, isso poderia ser um problema para a profissionalização desses "amantes" do teatro.

Em outra crônica, Azevedo critica os amadores da Escola Dramática de Niterói, que encenaram uma peça francesa (que nem na França era mais encenada), demonstrando mais uma vez o papel que os grupos amadores tinham, em sua concepção, no estímulo às peças nacionais. Essa função advinha exatamente pela ausência de

---

37 AZEVEDO, Arthur. "O Theatro", *A Noticia*, 12 nov. 1896. In: MENCA-RELLI, Fernando Antonio. *Cena aberta*, op. cit., p. 204-205.

necessidade em se preocupar com o público:

> Que significa essa exumação feita por um grupo de moços que não têm, não podem, não devem ter a preocupação do publico? O que deve distinguir o theatro particular do theatro a valer é precisamente a independência na escolha do repertorio. Compreende-se que Lucinda e Christiano lancem mão de uma peça espetaculosa como o Vampiro, porque o publico volta as costas á Sorte, mas a Escola Dramática não tem os compromissos e as responsabilidades de uma empresa, não é uma industria, e o seu titulo de Escola impõe a escolha de comedias que proporcionem á plateia certo ensinamento e certo regalo intelectual. *La nonne sanglante!* Que lembrança!...[38]

Para o cronista, essa falta de compromisso com o público dava a Escola Dramática de Niterói, formada por alunos e amadores, uma missão civilizadora, já que eles tinham a liberdade na escolha do repertório. E em outra crônica ele repete o mesmo discurso:

> As nossas sociedades de amadores, que não contam absolutamente com o público exigente dos teatros públicos, só deveriam pôr em cena peças nacionais, embora defeituosas, preferindo uma comedia brasileira mal feita a qualquer obra prima do theatro estrangeiro. Assim compreenderiam melhor os seus deveres, e a *sua missão seria civilizadora e benéfica.*[39]

É possível reunir histórias como a do farmacêutico Ernesto de Sousa, pai de Gastão Penalva, autor de peças, cançonetas, músicas e monólogos, que ergueu um palco em sua residência no

---

38 AZEVEDO, Arthur. "O Theatro", *A Notícia*, Rio de Janeiro, 21/12/1905. In: NEVES, Larissa de Oliveira Neves; LEVIN, Orna Messer. (orgs.). *O Theatro*, op. cit.

39 AZEVEDO, Arthur. "O Theatro", *A Notícia*, Rio de Janeiro, 07/12/1905. In: NEVES, Larissa de Oliveira Neves; LEVIN, Orna Messer. (orgs.). *O Theatro*, op. cit.

Andaraí, na rua Leopoldo, que nos levam a pensar na proliferação desses palcos e de suas encenações, que contavam com a presença de carpinteiros, maquinistas, amigos e vizinhos voluntários.[40] É o próprio Ernesto de Souza que mais tarde funda o Gremio Dramatico do Andaraí, na rua Barão de Mesquita, e fica famoso por ser o inventor das afamadas "gotas virtuosas". Ele escrevia comédias, fazia versos humorísticos e música popular. Depois de apresentar sua comédia *S. João na roça*, no Elite Club, sua cançoneta ganhou as ruas e acabou numa revista de Moreira Sampaio, sendo cantada por dois terços da população fluminense: "Eu tenho uma namorada; lá na praça do mercado; etc".[41]

Os espetáculos, muitas vezes, atrasavam por falta ou esquecimento de algum objeto de palco, que em seguida tinha sua substituição improvisada. Erros por vezes podiam transformar um drama em uma comédia, mas o que importa aqui era não apenas a diversão, mas a democratização do teatro; textos literários eram levados a público que, morando em bairros mais afastados ou não, participavam de discussões trazidas por essas peças, fossem revistas ou dramas, clássicos da literatura ou textos escritos pelos próprios participantes, fossem temas operários ou comédias de costumes, o fato é que o teatro provocava debates que podiam chegar em cada uma das casas cariocas.

Andrea Marzano reforça a idéia do crescimento do teatro amador no período do Império, fossem eles independentes ou anexos a sociedades recreativas; e fala do espanto de Thomas Ewbank com anúncios nos jornais e prospectos de espetáculos teatrais beneficentes, organizados em teatrinhos armados nas casas particulares.[42]

---

40   EDMUNDO, Luiz. *O Rio de Janeiro do meu tempo*, op. cit., p. 281.

41   AZEVEDO, Arthur. "O Theatro". In: NEVES, Larissa de Oliveira Neves; LEVIN, Orna Messer. (orgs.). *"O Theatro"*, op. cit.

42   MARZANO, Andrea. *Cidade em cena*, op. cit., p. 62.

O memorialista Luiz Edmundo, em *O Rio de Janeiro do meu tempo*, afirma que a motivação para os artistas amadores é a boa vontade ou o amor pela arte de representar:

> Tão grande é o amor pelo teatro, por essa época, que, do centro ao mais remoto arrabalde ou subúrbio da cidade, proliferam pequeninos palcos de amadores, teatrinhos familiares, grêmios, clubes, sociedades e tertúlias, onde se cultiva a arte que foi do Vasques, Xisto Bahia e João Caetano; núcleos onde o bafejo oficial não entra ou a subvenção dos cofres públicos só pode ser tomada por pilhéria, e cujo favor, o único que se mendiga (e esse mesmo do céu) é de uma noite sem chuva, embora sem luar ou sem estrelas, capaz de garantir a realização de um espetáculo que se faz, quase sempre, ao ar livre...
> Dessas organizações, que bem definem o louvável sentimento de um povo que se civiliza, desses grupos espontaneamente organizados, entusiasticamente mantidos por expensas próprias, de tal sorte provando que a arte de teatro está ainda longe de decair, saem grandes artistas como Leopoldo Fróis, como Lucília Pérez e a Guilhermina Rocha. Não há recanto da cidade, por mais remoto, por mais despovoado que seja, que não se orgulhe de possuir um palcozinho, um grupo de amadores, e, o que é melhor, uma numerosa e entusiástica platéia.[43]

Luiz Edmundo comenta que os palcos amadores se proliferaram em grêmios dramáticos, sociedades, clubes e tertúlias. No entanto, o próprio memorialista diz que eram perfeitamente organizados, com estatutos, diretoria, bandeira e sede; mesmo sem patrocínio particular ou do governo. Isso nega a ideia da espontaneidade proposta pelo autor. As organizações amadoras tinham propostas específicas dependendo do grupo que delas participava, mas eram extremamente detalhistas em relação as suas regras gerais ou específicas para os seus artistas.

---

43 EDMUNDO, Luiz. *O Rio de Janeiro do meu tempo.* op. cit., p. 280.

O Club Recreativo Dramatico, por exemplo, localizado na Ilha do Governador, fazia questão de especificar no artigo sexto de seus estatutos que o próprio clube criaria um corpo cênico contando com ponto, diretor de cena, contrarregra e ensaiador; e que se não houvesse entre os sócios alguém que pudesse fornecer a instrução necessária, o clube pagaria um "mestre para os mysteres da arte dramática".[44] O clube deveria apresentar, pelo menos, um espetáculo a cada três meses. Da mesma forma, a Sociedade Progressista Recreativa e Muzical da Villa Santa Thereza mantinha, em 1919, um grupo dramático entre seus associados além de um curso musical, uma banda de música, uma biblioteca e um salão para recreios. As regras eram muito claras para os artistas dessa sociedade: o diretor dramático deveria "ensaiar os associados que se dedicam a arte dramática", solicitar da diretoria, quando preciso um auxiliar ou mais, solicitar o número de associados que precisaria para o ensaio das peças, propor medidas para facilitar o desenvolvimento do pessoal dramático e ainda comunicar por escrito as faltas cometidas pelos associados seus alunos.[45]

O Club Dramatico de São Cristóvão, que apresentava, pelo menos, um espetáculo mensal, também tinha um corpo cênico e um diretor de cena nomeado e com direito a um assento nas reuniões da diretoria. O diretor de cena tinha plenos poderes para agir na esfera de suas atribuições e seus deveres também eram bem especificados: apresentar à diretoria, em sua segunda sessão mensal, a peça escolhida para o espetáculo do mês seguinte acompanhado do respectivo orçamento; formular um quadro de amadores para compor o corpo cênico – que deveria ser aprovado pela diretoria; empregar todos os esforços para que não houvesse transferência da data do espetáculo por deficiência dos ensaios; convocar reunião do corpo cênico sempre que julgasse conveniente; fazer um

---

44   DP, caixa GIFI 6C250. Arquivo Nacional.

45   DP, caixa IJ6 691. Arquivo Nacional.

relatório anual dos fatos concernentes ao seu cargo.[46] Em Todos os Santos, a Sociedade Familiar Dançante e Dramatica Democrata Club – que havia sido fundada no Engenho de Dentro – também definia em moldes semelhantes os direitos e deveres dos sócios que faziam parte do corpo cênico, categorizados nessa sociedade como "beneméritos" ou "prestantes", caso prestassem serviços ao clube. O diretor de cena tinha um artigo inteiro especificando cada item de suas funções.[47]

O Andarahy Club, além de determinar as funções do diretor de cena, incluía no artigo 59° o número de convites que cada amador tinha direito nos dias de apresentação teatral: apenas um. Nesse clube parecia ainda haver um estímulo aos amadores para assistirem espetáculos em outras "associações congêneres".[48] No Club Recreativo de Jacarepaguá, os sócios amadores que não tivessem recursos suficientes poderiam obter pequenos auxílios pecuniários da diretoria, "destinados ao custeio de *toilletes* ou utensílios reclamados pelas peças a representar".[49] Essas determinações podem ser vistas ainda na Sociedade Dansante e Dramática Culto à Arte,[50] no Club Dramatico Souza Bastos,[51] no Club Dramatico João Barbosa,[52] no Inhaumense Club[53] ou no Gremio Dramatico Cardonense.[54]

Mais uma vez, são evidências de uma organização cuidadosa que em nada indicam que fossem grupos espontâneos. Os deveres e os direitos dos artistas amadores descritos tão minuciosamente nos

46   DP, caixa GIFI 6C251. Arquivo Nacional.

47   DP, caixa GIFI 6C432. Arquivo Nacional.

48   DP, caixa IJ6 563. Arquivo Nacional.

49   DP, caixa IJ6 648. Arquivo Nacional.

50   DP, caixa IJ6 653. Arquivo Nacional.

51   DP, caixa IJ6 563. Arquivo Nacional.

52   DP, caixa IJ6 595. Arquivo Nacional.

53   DP, caixa IJ6 597. Arquivo Nacional.

54   DP, caixa IJ6 648. Arquivo Nacional.

estatutos nos mostram uma organização profunda dessas sociedades e a importância que os espetáculos tinham, fossem exclusivamente para o lazer dos sócios ou para levar aos seus públicos ideias e comportamentos que queriam "ensinar".

A partir dos pedidos de licença para funcionamento e estatutos de clubes recreativos e dançantes cariocas, Leonardo Affonso Pereira faz uma análise e mostra o que esses clubes representavam e o porque da rígida vigilância sobre eles. Essa vigilância era, na verdade, fruto de um preconceito expresso como condenação e atestava as contradições sociais presentes numa cidade influenciada pelas novidades européias, que conviviam com outras práticas e tradições vistas nos bailes dos subúrbios. Os participantes desses clubes eram a população de baixa renda, como operários, marítimos e caixeiros, ou trabalhadores autônomos, como barbeiros e alfaiates. Mais do que momentos de lazer, os bailes consolidavam identidades e construíam solidariedades, eram um meio de expressão e resolução de disputas e tensões sociais.[55]

Da mesma forma, os grêmios dramáticos diziam visar exclusivamente o lazer dos associados, proibindo inclusive em seus estatutos "a sociedade de tomar parte em manifestações políticas, não podendo tratar desse assunto na sede",[56] ou proibiam a cessão do salão para conferências que versassem sobre política ou religião.[57] Ora, se esses estatutos eram controlados pela polícia e eram exigidos para obter permissão para o funcionamento do grêmio, parece lógico o artigo 32º, acerca da participação em manifestações políticas, dos estatutos da Sociedade Progressista Recreativa e Muzical

---

55 PEREIRA, Leonardo Affonso de Miranda. "E o Rio dançou: Identidades e tensões nos clubes recreativos cariocas (1912-1922)". In: CUNHA, Maria Clementina Pereira (org.). *Carnavais e outras f(r)estas*. Campinas: Ed. da Unicamp; Cecult, 2002, p. 441.

56 DP, caixa IJ6 693. Arquivo Nacional.

57 DP, caixa IJ6 563. Arquivo Nacional.

de Villa Santa Thereza, de 1919. No entanto, fica uma interrogação sobre sua eficácia na prática diária.

Segundo Luciana Arêas, os palcos amadores de trabalhadores tinham, sim, em vários casos, proposta política e doutrinatória. Não obstante, ainda que seus propósitos fossem apenas o lazer, esses espetáculos contribuíam na divulgação de uma literatura muitas vezes fora do alcance daqueles indivíduos. Mais uma vez, o que vemos nesse momento é um diálogo entre os textos que eram apresentados, o público e aqueles que estavam nos palcos e bastidores. Especialmente nesses grêmios dramáticos, não se apresentariam peças que não fossem do interesse dos seus participantes. Assim, a escolha de temas políticos, revistas, comédias ligeiras ou dramas eram caminhos para compreendermos melhor quem eram esses públicos que frequentavam os teatros amadores.

Assim, tentando obedecer as regras de conduta impostas, e, muitas vezes, sendo mais rígidos que os próprios autores das leis, essas sociedades encontravam através do lazer uma identidade de grupo e expressavam tensões sociais bem mais amplas do que o bairro onde se localizavam. Mais uma vez podemos ver o teatro amador como um agente polemizador e polifônico, que atraía públicos heterogêneos que levavam os debates dos repertórios teatrais para os cafés, locais de trabalho, jornais e suas próprias casas.

Os amadores viram tema de peça

Espectador fiel do teatro, inclusive de peças de amadores, em 1906 Arthur Azevedo escrevia em sua coluna *O Theatro* uma reclamação sobre o número reduzido de espetáculos na cidade. No entanto, sua reclamação dizia respeito apenas ao teatro profissional, porque ele comenta sobre o crescimento dos teatros dos amadores, caracterizando-o como "viveiro de artistas":

Não! isto não pode ser! Numa capital tão grande como a nossa, com uma população que tem crescido de ano para ano, e sempre fez do theatro o seu divertimento predileto, é impossível que haja um número tão reduzido de espetáculos! (...)

Outros dizem que os amadores dramáticos substituíram os artistas, e o theatrinho o theatro; ha, realmente, no Rio de Janeiro um numero considerável de sociedades particulares, cada uma das quais por via de regra, dá um espetáculo todos os meses, – mas sociedades dramáticas sempre as tivemos; não eram tantas como hoje, mas, em compensação, havia menos gente, e deixem lá! nem elas podem competir como theatro a valer na apresentação de todos os elementos indispensáveis á satisfação do público; nem este encontra nelas o ambiente especial nem as emoções que procura.

Não quer isto dizer que as sociedades de amadores não sejam dignas de animação e de apreço; tenho-me fartado de repetir que são elas o nosso único viveiro de artistas; assim o fossem também de autores, sendo que algumas, ainda neste particular, têm feito as mais louváveis tentativas.[58]

Em sua peça *O Mambembe*, representada pela primeira vez no Teatro Apolo, do Rio de Janeiro, Arthur Azevedo conta a história de uma atriz amadora que é convidada para fazer parte de um grupo mambembe, segundo o próprio autor, "um grupo nômade, errante".[59] Na peça, esse grupo contava com um empresário que era responsável por conseguir financiamento para as viagens, além de alojamento e teatros para as apresentações. A atriz é Laudelina, que vive com sua madrinha, dona Rita. Ambas adoram teatro e, ao longo da peça, o autor nos dá dicas de como o teatro amador era visto por ele em comparação com o comercial. Não podemos esquecer que estamos falando aqui de um texto ficcional, mas podemos através dele perceber o longo alcance do teatro amador, alguns de seus

---

58 AZEVEDO, Arthur. "O Theatro". In: NEVES, Larissa de Oliveira Neves e LEVIN, Orna Messer. (orgs.). O Theatro, op. cit.

59 *Ibidem*

participantes e sua preocupação com a moral e os bons costumes. Dona Rita diz a certa altura: "O teatro sempre foi minha paixão... o teatro particular, bem entendido, porque na nossa terra ainda há certa prevenção contra as artistas".

Laudelina fazia parte do Gremio Dramatico Familiar de Catumbi e sua madrinha a acompanhava. O pretendente de Laudelina comenta que seria difícil afastá-la do teatro já que "há teatrinho em todos os bairros". Esse pretendente acaba indo na turnê junto com sua amada e trabalhando como galã na companhia. No entanto, ele não quer receber ordenado, já que trabalha no comércio na capital e o teatro não era nem seria sua profissão. Sobre um beijo que um ator não fingia, mas dava de verdade, dona Rita comenta:

> Eu cá é que nunca imaginei representar senão em sociedades particulares, onde os beijos são suprimidos. O artigo 17 dos estatutos do Gremio Dramatico Familiar de Catumbi diz o seguinte: "É proibido aos amadores beijar as amadoras em cena, a menos que para isso estejam autorizados por quem de direito".

E dona Rita defende os amadores dizendo que se não fosse por eles muitas peças não seriam montadas.[60]

A partir da transformação dos amadores em assunto de uma de suas peças, além dos diversos comentários em suas crônicas, Arthur Azevedo nos mostra não apenas o crescimento do teatro amador, mas um modo de olhar. Encenada no Teatro Apolo sob a batuta do empresário José Francisco de Mesquita, a Companhia Mesquita — que não era amadora nem mambembe — apresentou a peça, em três atos e doze quadros. O papel principal coube a Cecília Porto e as músicas ficaram com Assis Pacheco. Escrita em parceria com José Piza, que segundo o próprio Azevedo, em crônica de

---

60   AZEVEDO, Arthur. "*O Mambembe*". In:_____. *Teatro de Arthur Azevedo*, Rio de Janeiro, Funarte, 2002. (Clássicos do Teatro Brasileiro, v. 5)

1904, era habilidoso e observador de costumes. Ele acreditava que seu sucesso seria correspondente ao da Capital Federal:

> Pareceu-me que as alegrias e as amarguras, os trunfos e as contrariedades de um grupo de artistas errantes, de mistura com alguns dos nossos tipos da roça e da cidade, dariam uma peça pelo menos tão interessante como a Capital Federal, que teve a honra de ser aplaudida no estrangeiro.[61]

A ideia era escrever uma burleta sobre o teatro mambembe, *"um traço dos nossos costumes, que nunca foi explorado nem no theatro, nem no romance, nem na pintura, e no entanto me parecia dos mais característicos e dos mais pitorescos"*.[62] O destaque no texto é para ressaltar o testemunho do próprio Azevedo acerca do silêncio sobre os amadores e os outros artistas fora do circuito comercial, esquecidos pelos críticos apesar de sua presença significativa por toda a cidade.

Teria sido o "popular" artista Brandão, amigo de Arthur Azevedo, quem teria sugerido o tema e, por isso, foi retratado no personagem do Frazão, empresário da companhia ambulante. A discussão sobre o que significa mambembe veio na crônica duas semanas depois, em que o autor repassa um diálogo da peça entre Frazão, d. Rita e Laudelina e ele explica que se trata de uma

> companhia nômade, errante, vagabunda, organizada com todos os elementos de que um empresário pobre pode lançar mão num momento dado, e que vai, de cidade em cidade, de vila em vila, povoação em povoação, dando espetáculos aqui e ali, onde encontra um theatro ou onde possa improvisá-lo.[63]

---

61 AZEVEDO, Arthur. "O Theatro". In: NEVES, Larissa de Oliveira Neves; LEVIN, Orna Messer. (orgs.). O Theatro, op. cit.

62 AZEVEDO, Arthur. "O Theatro". In: NEVES, Larissa de Oliveira Neves; LEVIN, Orna Messer. (orgs.). *O Theatro*, op. cit.

63 *Ibidem.*

Mais adiante, D. Rita pergunta sobre a arte no mambembe:

> Laudelina: – E... a arte?
> Frazão: – Tudo é relativo neste mundo, filha. O culto da arte pode existir, e existe, mesmo num mambembe. Os nossos primeiros artistas – João Caetano, Joaquim Augusto, Guilherme Aguiar, Xisto Bahia – todos mambembaram, e nem por isso deixaram de se grandes luzeiros do palco.
> Laudelina: – Mas de onde vem essa palavra, mambembe?
> Frazão: – Creio que foi inventada, mas ninguém sabe quem a inventou. É um vocábulo anônimo, trazido pela tradição de boca em boca e que não figura ainda em nenhum dicionário, o que aliás não tardará muito tempo. Um dia disseram-me que em língua mandinga, mambembe quer dizer pássaro. Como o pássaro é livre e percorre o espaço como nós percorremos a terra, é possível que a origem seja essa, mas nunca averigüei.[64]

A discussão sobre arte presente no teatro ligeiro era um debate que já vinha de longa data e ocupava as páginas de diversos jornais, envolvendo boa parte dos jornalistas e intelectuais da época. A questão estava ligada as influências da literatura e arte europeia, compreendidas como arte de qualidade diferente do sucesso das burletas e revistas no Rio de Janeiro, que tinham sua qualidade colocada constantemente em dúvida. Aliás, podemos observar que colocando no palco esse questionamento, Arthur Azevedo tenta mais uma vez afirmar que suas revistas estavam, sim, à altura das peças estrangeiras.

O texto de *O mambembe* também debate como se organizavam algumas sociedades particulares, e d. Rita comenta sobre o estatuto do Gremio Dramatico Familiar de Catumbi que determinava os comportamentos dos amadores e sócios. Pelos estatutos que encontrei no Arquivo Nacional, a determinação de como se portar nos clubes e sociedades particulares era uma prática comum, in-

---

64 AZEVEDO, Arthur. "O Theatro". In: NEVES, Larissa de Oliveira Neves; LEVIN, Orna Messer. (orgs.). *O Theatro*, op. cit.

clusive para garantir a licença de funcionamento dessas sociedades, dada pela polícia. Ora, o que estamos discutindo aqui, então, não são apenas montagens esporádicas de peças em casas particulares. Isso também acontecia, mas o que estamos descobrindo são organizações de grupos em bairros ou centros políticos, como veremos adiante, mas que significavam muito mais do que uma brincadeira. Não eram absolutamente espontâneos ou encenações eventuais. Prezavam por uma organização minuciosa, regras explícitas e maneiras de pensar bastante significativas.

O Gremio Dramatico Cardonense, por exemplo, tinha nos seus estatutos, no artigo 30°, a determinação de punição com suspensão de dez a sessenta dias aquele que "deixar de tratar com o devido respeito não só as amadoras como qualquer outra dama" e também "portar-se de modo inconveniente na sala de ensaios ou tentar subir no palco, quando isso for proibido".[65] O Clube Recreativo Dramatico, na Ilha do Governador, determinava que para ser sócio era necessário não apenas ser maior de quinze anos, mas "ser de reconhecida moralidade".[66] O Clube Dramatico de São Cristóvão exigia dos sócios: ser maior de dezoito anos, exercer ocupação honesta, ser morigerado e não estar pronunciado em processo crime; era necessário nome, idade, emprego que exercia e endereço.[67] Havia clubes que só admitiam sócios do sexo masculino, como o Clube Dramatico Souza Bastos[68] ou a Sociedade Estudantina Dramática Luso Brasileira.[69] E aqueles que eram compostos somente por "senhoras", detalhe especificado já no pedido de licença para funcionamento do Gremio das Amadoras Flor de São João, em ja-

---

65   DP, caixa IJ6 691. Arquivo Nacional.

66   DP, caixa GIFI 6C 250. Arquivo Nacional.

67   DP, caixa GIFI 6C 367. Arquivo Nacional.

68   DP, caixa IJ6 563. Arquivo Nacional.

69   DP, caixa GIFI 6C 479. Arquivo Nacional.

neiro de 1916.[70] Ou escolhiam a nacionalidade dos sócios: era o caso do Centro Galego que determinava ser preciso ser natural de Galiza ou ser filho de pai galego – admitia brasileiros, portugueses e provenientes de outras províncias apenas como sócios contribuintes e sem voz, voto ou possibilidade de eleição.[71]

A organização dessas sociedades dramáticas nos aponta para um espaço social importantíssimo, que conquistou cada um dos bairros do Rio de Janeiro, levando imigrantes, operários, senhoras da *"haute gomme"* ... homens, mulheres e crianças a discutir temas diversos e pensar sobre o seu papel, não apenas no palco, mas na própria transformação geográfica, social e política da capital.

O "teatrinho" e o "grande teatro"

O teatro amador contava também com histórias divertidas e bastante significativas: em 1914, Olavo Bilac, junto com os intelectuais e boêmios da época, fundaram a Sociedade Brasileira dos Homens de Letras com o intuito de defender os direitos autorais dos escritores. Para arrecadar fundos para a sede da Sociedade, decidem fazer uma peça, representada por eles! O palco seria o Municipal. Após pensar em vários autores clássicos, decidiram-se por uma comédia em versos de Machado de Assis, *Os seuses de casaca*, que, convenientemente, não tinha papéis femininos. Bilac distribuiu os papéis: ele mesmo ficaria com o Prólogo; Coelho Netto, o Epílogo; Emílio de Menezes, Júpiter; Luiz Edmundo, Cupido; Oscar Lopes, Netuno; Goulart de Andrade, Mercúrio; Bastos Tigre, Marte e assim ser por diante. O ensaiador seria o ator João Barbosa. Bastos Tigre confirma a seriedade de Bilac, que levou o plano a sério e rapidamente entregou os papéis tirados pela sua mão, em caderninhos encapados e cosidos a linha a cada um dos atores. No entanto,

---

70   DP, caixa IJ6 595. Arquivo Nacional.

71   DP, caixa GIFI 6C 479. Arquivo Nacional.

a peça não foi adiante devido a morte de Aníbal Teófilo, muito amigo de Bilac, o que o fez desinteressar-se pela empreitada.[72]

É no mínimo, curioso ver o famoso grupo de literatos boêmios pensar em atuar numa peça como os grupos amadores, que buscavam através da cobrança de ingressos das suas peças teatrais, financiar jornais ou divulgar ideias. Nesse caso, os literatos pretendiam arrecadar fundos para uma sede da sociedade que defenderia os direitos autorais – discussão importante do período e que culmina com a fundação da SBAT, em 1917.[73] Os mesmos articulistas que faziam a crítica teatral seriam agora assistidos por seus leitores e, quem sabe, os artistas alvos de suas penas.

Outro exemplo semelhante é contado por Mario Nunes, jornalista e cronista teatral, sobre a "Festa de Natal", uma iniciativa da Pepita de Abreu, em 1924, "de repetir o espetáculo de depois da meia-noite, em que críticos, jornalistas, autores serão atores e representarão uma revista oferecida ao mundo teatral". O autor diz que foi um sucesso, apesar da falta de talento de muitos.[74] Essas histórias mostram o teatro amador abrindo espaços em todos os grupos sociais e cantos da cidade, inclusive entre seus próprios críticos.

No entanto, vários autores comentam não apenas a competência dos artistas amadores, mas a quantidade de profissionais que vieram desses palcos. Henrique Marinho, que em 1904 escreveu sobre a história do teatro brasileiro, ressalta o amor desses artistas e escritores ao teatro, elogiando sua competência, e diz que eles podiam formar companhias iguais ou melhores que as estrangeiras, de todos os gêneros, desde o trágico até o cômico; e cita alguns nomes

---

72   TIGRE, Manoel Bastos. *Reminiscências. A alegre roda da colombo e algumas figuras do tempo de antigamente.* Brasília: Thesaurus, 1992, p. 52-55.

73   A SBAT foi fundada em 1917 e teve no seu quadro diretor: 1º presidente: Paulo Barreto; vice-presidente: Raul Pederneiras; 1º secretário: Viriato Correia; 2º secretário: Avelino de Andrade; tesoureiro: Bastos Tigre; procurador: Oduvaldo Viana.

74   NUNES, Mário. *40 anos de teatro.* op. cit., v. 2, p. 112.

de amadores que se tornaram profissionais como Ferreira de Souza, Eugenio Magalhães, Flavio Wandeck, Cinira Polonio, Mattos, Peixoto, Colás, Rosa Villiot, Ismenia dos Santos, Mario Arôso, Lucilia Peres e "a velha Clelia".[75] Portanto, a permanência no teatro amador de um enorme número de artistas era uma opção e não uma impossibilidade profissional. Essa opção tinha diferentes motivos: o mais comum citado entre os literatos, como Arthur Azevedo, era o medo de serem acusados de falta de moral, assim como as artistas profissionais, mas também podia ser porque atuar era o meio de divulgar inúmeras ideias para seus pares uma maneira de arrecadar dinheiro para fins daquela comunidade ou simples diversão; o fato é que o teatro amador era praticado por grupos que escolhiam essa forma de expressão para os seus mais diferentes propósitos.

O crítico Jota Efegê, João Ferreira Gomes, nascido em 1904, conta em *O Cabrocha* ter assistido nos fundos do Teatro São José, no bar Cosmopolita, a cantora Rosa Negra, e seu amigo Cabrocha a descreve assim: "essa menina é escura assim mas bota muitas 'brancas' no 'chinelo'... Aprecia só como ela sabe falar bem o 'americano'".[76] Anos depois, Rosa Negra ingressou na Companhia Negra de Revistas, na peça *Tudo Preto*, sendo regida por Pixinguinha.

O próprio Arthur Azevedo teria começado a escrever ainda criança e Mário Nunes relata uma de suas peças, representada no quintal de sua casa, e diz que ele ainda apresentou-se em "teatrinhos particulares" por algum tempo até se tornar uma grande escritor.[77] Em suas crônicas Arthur Azevedo também cita vários nomes de amadores que se tornaram famosos no teatro profissional, entre eles: Italia Fausta, Guilhermina Rocha, Leopoldo Fróis, João Luiz Paiva e, entre os portugueses que trabalharam no Rio de

---

75   MARINHO, Henrique. *O Theatro Brasileiro*, op. cit., p. 93-94.

76   EFEGÊ, Jota. *O Cabrocha: meu companheiro de "farras"*, Rio de Janeiro: Leusinger, 1931, p. 69.

77   NUNES, Mário. *40 anos de teatro*, op. cit., v. 1, p. 23.

Janeiro, José Antonio do Vale, Maria Pinto, Luiza de Oliveira, Julia Moniz, Jesuína Saraiva, Carlos Leal e Alfredo Miranda.[78]

O periódico *O Theatro*, de 1911, cujo diretor era Nazareth de Menezes, em sua coluna dedicada ao teatro amador legendou uma foto de Castello Branco dizendo: "inteligente e aplicado, começou sua carreira nos palcos particulares, revelando-se logo um amador corretíssimo. Fez parte da Companhia que trabalhou no Municipal".[79] O jornalista Hermano Possolo, na coluna *Actores*, elogia a atriz Maria da Piedade, portuguesa que viveu no Rio de Janeiro e começou sua carreira como amadora na Sociedade Esther de Carvalho, em 1893, representando o drama *O Poder de Ouro* e que com apenas catorze anos, já desempenhava o papel de Julia.[80] Ou o ator José Bernardo Silveira, que começou trabalhando numa marcenaria e atuava na antiga Sociedade Dramatica Filhos de Talma, seguindo para outros clubes, tornou-se empresário de uma companhia teatral, trabalhou no Circo François, foi dirigido pelo ator Francisco Santos e após uma longa trajetória chegou ao Teatro Municipal.[81]

O *Almanaque Suburbano*, periódico anual, de 1912, faz uma homenagem a Julio Cesar de Magalhães "esforçado cultor da arte dramática", que atuava desde os catorze anos em teatros particulares e apresentava-se em clubes dramáticos. Foi fundador no Club Dramatico de Villa Isabel, do periódico *O Leque*, diretor de *A Ribalta*, órgão do Club Thalia, onde também era ensaiador e diretor de cena, além de ser autor de diversas peças teatrais.[82]

De um lado vemos então amadores que se destacaram e entra-

---

78   NEVES, Larissa de Oliveira, LEVIN, Orna Messer (orgs). *O Theatro: crônicas de Arthur Azevedo.* op. cit., notas biográficas.

79   *O Theatro*, Rio de Janeiro, 04 maio 1911, n. 2.

80   *O Theatro*, Rio de Janeiro, 08 jun. 1911, n.7, por Hermano Possolo.

81   *O Theatro*, Rio de Janeiro, 14 jul. 1911, n.8, por Hermano Possolo.

82   *Almanaque Suburbano*, Sampaio, periódico anual de 1912.

ram para o teatro profissional. Porém, existiam aqueles que faziam questão de manter-se no amadorismo. Danielle C. Carvalho, em sua dissertação de mestrado, analisa duas peças escritas por Coelho Netto em que o autor preferiu escolher um elenco amador, formado pelos senhores e senhoras do Cassino Fluminense, alegando que o profissional não era de qualidade, uma vez que fazia revistas e vaudevilles. Coelho Netto, através da sua peça *Por Amor*, buscou resgatar o que ele acreditava ser teatro de qualidade, utilizando um elenco amador formado por membros da elite e divulgando a música de Leopoldo Miguez, influenciada pelo compositor alemão Richard Wagner. A autora analisa essa relação que os amadores estabeleciam com os profissionais e diz que muitos não gostariam de exercer a profissão, profundamente estigmatizada.

> Arthur Azevedo pondera que, se já encontrava dificuldades para dizer a verdade aos atores de profissão, teria a pena "eternamente suspensa" se tivesse de analisar o desempenho de uma senhora da *"haute gomme"*, além de ter de escutar um "Este sujeito trata-me como se eu fosse uma atriz!", caso fizesse uma observação desagradável sobre a mesma.[83]

O trecho dá uma importante indicação sobre quem eram esses amadores que foram escolhidos por Coelho Netto: "senhora da *"haute gomme"*. Então havia uma parte dos grupos mais abastados da cidade que queria fazer teatro sem, no entanto, tornarem-se profissionais. Nesse caso, o preconceito com as atrizes era razão para permanecer no amadorismo, mas sem perder o que eles entendiam como qualidade artística.

Apesar de escrever bastante em suas crônicas sobre o teatro amador, Arthur Azevedo era sempre reticente em sua crítica, dizendo que "em se tratando de recitas de amadores, a critica perde

---

83   CARVALHO, Danielle Crepaldi. *"Arte" em tempos de "chirinola": a proposta de renovação teatral de Coelho Netto (1897-1898)*, op.cit., p. 22.

naturalmente os seus direitos".[84] Não obstante, era aí que ele depositava suas esperanças para resolver a "crise do teatro brasileiro". A maioria dos articulistas da época falava dessa crise quando discutiam a questão do teatro de qualidade e se referiam ao teatro de revista como um texto que não era "sério". Interessante a contradição do próprio Arthur Azevedo, que aderia a esse discurso mas, ao mesmo tempo, era um dos maiores autores de revistas (ficando particularmente conhecido por suas revistas de ano). Ele sugeria que o teatro amador aproveitasse sua falta de interesse financeiro para ser um "educador de plateia", produzindo textos inéditos "de qualidade", que fugissem ao gênero musical, de autores brasileiros.

> A compensação do trabalho amador não é ser chamado à cena oito ou dez vezes, nem cinquenta, mas ter a consciência de haver contribuído para educar o gosto dos seus concidadãos.
> Fazer com que estes aplaudam o mau teatro é abusar da inconsciência e da sua ingenuidade; é pervertê-los ainda mais; é arrancar-lhes do cérebro as últimas noções, que porventura lá se conservem, do que seja literatura dramática.
> O Elite deve ser uma casa de ensinamento e, e preguemos o termo, de sacrifício, o que aliás não o impedirá de ser, antes de tudo, um lugar onde a gente se divirta.[85]

É importante notar que ele está falando do Elite Club, que tinha como participantes figuras pertencentes aos grupos mais abastados da sociedade. E, em outra crônica de 1908, ele repete seu discurso para os amadores do Club Fluminense, também com artistas desse mesmo grupo social.

> Muitas vezes tenho dito, e não cansarei de o repetir, que os

---

84   AZEVEDO, Arthur. "O Theatro". In: NEVES, Larissa de Oliveira Neves; LEVIN, Orna Messer. (orgs.). *O Theatro*, op. cit.

85   AZEVEDO, Arthur. "O Theatro". In: NEVES, Larissa de Oliveira Neves; LEVIN, Orna Messer. (orgs.). *O Theatro*, op. cit.

nossos clubs de amadores devem por em contribuição o talento literário dos seus associados, e representar de preferência a outras quaisquer, as produções originais que desse esforço resultem. Vejo com prazer que o Club Fluminense, o Club 21 de maio e outros compreendem e sentem essa necessidade e, si mais não fazem, é por circunstâncias independentes dos seus bons desejos. Só tenho palavras para animá-los nessa boa trilha. Uma peça mal feita por um sócio tem num theatro de amadores, significação mais elevada que a mais perfeita obra-prima do theatro estrangeiro.[86]

Outra forma de compreender o teatro amador era como um formador de públicos ou educador de plateias, questão bastante discutida não apenas entre os articulistas da época, mas também entre alguns historiadores da atualidade. Silvia Cristina Martins de Souza conta sobre o período em que José de Alencar escrevia folhetins no *Jornal do Commércio*, quando tinha 25 anos de idade. Para ela, os folhetins eram "como ficções construídas pelo autor para passar a seus contemporâneos certas ideias e visões do mundo".[87] Nesses folhetins, o teatro era uma questão importantíssima: desde suas descrições físicas até seu "poder civilizatório". Podia-se educar a sociedade através da dramaturgia. É exatamente essa a proposta de Arthur Azevedo nos trechos destacados acima. A ideia de que os amadores deveriam tomar para si a "missão" de levar o "bom teatro" ao público. Esse "bom teatro", segundo Azevedo, era o teatro nacional, escrito por autores brasileiros, e os valorizava mais do que uma "obra prima do teatro estrangeiro". Na verdade, o que es-

---

86 AZEVEDO, Arthur. "O Theatro". In: NEVES, Larissa de Oliveira Neves; LEVIN, Orna Messer. (orgs.). *O Theatro*, op. cit.

87 SOUZA, Silvia Cristina Martins de. *Ao Correr da pena: uma leitura dos folhetins de José de Alencar*. In: CHALHOUB, Sidney; PEREIRA, Leonardo Affonso de M. (orgs.). *A história contada: capítulos de história social da literatura no Brasil*. Rio de Janeiro, Nova Fronteira; Campinas: Unicamp 1998, p. 127.

ses críticos queriam era levar os padrões de determinados grupos sociais às plateias heterogêneas que frequentavam os teatros. É o que se vê também na declaração de Mario Nunes:

> Não se explica porque razão o nosso governo cuida da música, da pintura e de outras artes e não cuida da arte de representar, principalmente quando é esta que mais aproveita à educação ao povo. O teatro será uma realidade neste país, no dia em que os poderes públicos se convencerem de que é preciso haver teatros como é preciso haver escolas.[88]

No periódico *O Amador* de 1888, do Club Dramatico Gonçalves Leite, em São Cristóvão, eles explicavam em seu editorial porque fazer teatro:

> (...) porque o Theatro é uma prática elevada, cuja missão é moralizar a sociedade ensinando-lhe como se desafronta graves ofensas, qual o fim sinistro de uma paixão ou vida desregrada, as flores que recebem os heróis do bem e os grilhões que oprimem os heróis do mal.[89]

Em coluna chamada "Theatro Nacional", o periódico *O Espectador*, de 1882, aponta o teatro como uma "escola educatória indispensável", em que os costumes e vícios da sociedade brasileira são retratados e que, "quem os não conhecer bastará ir a este templo de civilização para avaliar o grau de adiantamento dessa sociedade, cujo compendio é a peça e o professor é o ator".[90]

Essa "educação" do público entra num debate proposto por Tiago de Melo e Mencarelli quando estes falam sobre a ambiguidade presente nos textos teatrais. Mesmo que o autor tivesse uma

---

88   NUNES, Mário. *40 anos de teatro*. v. 1, p. 58.

89   *O Amador*, ano I, n. 1, 8 set. 1888.

90   "Theatro Nacional", *O Espectador*, ano II, n.2, 30 jun. 1882.

visão moralizante ou tendenciosa sobre qualquer assunto, o importante é que ele levava a discussão ao palco possibilitando diferentes interpretações. Vemos esse exemplo quando falamos de *O Bilontra*, de Arthur Azevedo ou mesmo das peças onde a questão da modernização do Rio de Janeiro era o tema. Ou seja, apesar da tentativa dos escritores de tentar "educar" ou "civilizar" os espectadores com suas ideias, isso possibilitava diferentes leituras por parte da plateia. Se, para conquistar o público, as peças tinham que falar dos assuntos que incomodavam e que eram parte da vida desse público, então havia um diálogo aí entre textos e plateias.

Leonardo Affonso de Miranda Pereira, em *O carnaval das letras*, ao falar de um personagem que representava o carnaval nessa mesma peça *O Bilontra*, comenta o espírito pedagógico que caracterizava as revistas de ano; nesse caso, defendendo as grandes sociedades do carnaval da capital.[91] Ora, essa ideia vem reforçar a questão da ambiguidade dos textos teatrais, assim como o diálogo com a plateia. Mais uma vez, ainda que para levar valores de uma elite letrada a um público diverso, era necessário que essas peças fizessem sucesso e, por isso, atingissem uma gama numerosa de pessoas. O importante aqui é que temas polêmicos eram debatidos e, assim, outras alternativas se abriam como possibilidades de transformação do cotidiano.

Por que assistir a uma peça de amadores?

Em 1907, o Grupo Dramatico de Teatro Livre realizou no Centro Galego apresentações em prol de jornais operários e Milton Lopes nos dá importante informação sobre os ingressos cobrados:

> No dia 14, de acordo com o balancete publicado, 185 pessoas pagaram entrada totalizando 370 mil réis de ingressos, o que significou, deduzidos os gastos, a soma de 199$600, dos quais

---

91   PEREIRA, Leonardo Affonso de Miranda. *O carnaval das letras: literatura e folia no Rio de Janeiro do século XIX*. Campinas: Ed. da Unicamp, 2004, p. 146.

98$800 remetidos à Tierra y Liberdad e o restante à Terra Livre. Faltavam ainda cobrar 8 entradas, cujo produto seria dividido igualmente entre os dois jornais.[92]

Vê-se aí importante conexão entre o Centro Galego e o patrocínio a jornais operários com uma colaboração significativa vinda da cobrança de ingressos para o teatro amador. Assim, tanto o Centro Galego quanto os jornais operários são construções importantes de espaços e alternativas nas formas de luta de trabalhadores. Se fizermos uma conta simples, dividindo o preço dos ingressos pelo número de pessoas, encontramos o valor de 2 mil réis por ingresso. O valor das cadeiras de primeira classe nos teatros do Centro, como o Carlos Gomes ou o São Pedro, saía pelo mesmo preço e, no Teatro São José o lugar mais barato podia ser encontrado ainda por mil réis ou até quinhentos réis.[93] Luiz Edmundo também comenta os preços cobrados para uma ópera no teatro Lyrico no ano de 1901:

> Nos anúncios do dia 26 de setembro são estes os preços das localidades, no Lírico: frisas e camarotes de 1ª classe, 60$; de segunda 40$; *fauteil* de orquestra e de varanda, 12$; cadeiras de segunda classe 5$; galerias, 3$000! Convém observar que os empresários, por essa época pagam o aluguel do teatro que não é do governo numa média de conto de réis por espetáculo. E ganham, assim mesmo, rios de dinheiro![94]

A voz do trabalhador, periódico de 1909, ao divulgar a arrecadação com os ingressos de uma festa operária, que incluía mais de um espetáculo teatral, permite observar que o ingresso sairia em

---

92   LOPES, Milton. *Memória anarquista do centro galego do Rio de Janeiro (1903-1922)*, op. cit., p. 3.

93   Esses dados se referem ao ano de 1920. Citado por GOMES, Tiago de Melo. *Um espelho no palco*, op. cit., p. 93.

94   EDMUNDO, Luiz. *O Rio de Janeiro do meu tempo.*, op. cit., p. 210.

média 1$200.[95] Andrea Marzano fala sobre a possibilidade de cidadãos mais ou menos abastados frequentarem os diferentes teatros no século XIX, profissionais ou amadores, assim como os diversos gêneros teatrais que estavam ao alcance de grande parte da população:

> com mil réis no bolso um habitante do Rio de Janeiro podia escolher, em julho de 1867, entre assistir da segunda classe, no recreio da Fábrica de Cerveja da rua da Guarda Velha, o espetáculo do "homem incombustível", deliciar-se com três comédias em um ato e duas cenas cômicas, uma delas escrita por Vasques, nas gerais do teatro de São Cristóvão, ou divertir-se no Circo Olímpico com a Companhia Bartolomeu.[96]

O que percebemos aqui é que a escolha de uma peça encenada por amadores não se dava em função do preço dos ingressos, já que eram exatamente os mesmos dos espetáculos profissionais (fossem revistas ou não). As razões para opção pelo teatro amador devem ser buscadas, portanto, no interesse pelo tema debatido, pela participação nos eventos dos grupos onde cada sujeito se identificava, fosse pelo envolvimento político, pela vizinhança ou por simples diversão. O importante aqui é pensarmos que o preço dos ingressos cobrados por amadores nem sempre se diferenciava dos preços de muitas peças encenadas por atores profissionais. Esse dado reforça a ideia de que o teatro amador se espalhava pela cidade e conquistava novos públicos, porém, não obrigatoriamente atraía apenas os menos favorecidos financeiramente. Assistir a uma peça representada por amadores era uma escolha pelo espetáculo que era apresentado e não porque era mais barato. Acrescenta-se aqui a opinião de Arthur Azevedo que dizia que o teatro no Rio de Janeiro era considerado gênero de primeira necessidade, "figurando no

---

95   *A voz do trabalhador: órgão da Conferência Operária Brasileira*, ano 1, n.11, 17 maio 1909.

96   MARZANO, Andrea. *Cidade em cena*, op. cit., p. 64.

orçamento do rico e do pobre".[97]

Dado importante em relação às sociedades dramáticas é que, em geral, o corpo cênico era formado pelos próprios sócios dos clubes, que tinham uma mensalidade que variava muito pouco, sempre em torno de 3 a 5 mil réis.[98] Não era caro então participar dessas agremiações, possibilitando a todos os grupos sociais a adesão e a inclusão nos clubes em que melhor se identificavam e criavam vínculos sociais definindo seus espaços na sociedade carioca do período. Havia ainda a possibilidade dos amadores de alguns clubes ficarem isentos da mensalidade, como era o caso do Club Dramatico Familiar de Jacarepaguá,[99] do Clube Recreativo de Jacarepaguá[100] ou da Sociedade Dansante e Dramática Culto à Arte.[101]

Para ilustrar essa questão financeira podemos pensar no salário da atriz Ascendina Santos, "artista negra como azeviche, que canta, dança e representa de maneira que obteve fartos e calorosos aplausos

---

97   AZEVEDO, Arthur. "O Theatro". In: NEVES, Larissa de Oliveira Neves; LEVIN, Orna Messer. (orgs.). *O Theatro*, op. cit., 2009.

98   Clube Dramatico Fluminense, Clube Dramatico de São Cristóvão, Centro Gallego no Rio de Janeiro, Centro Catalá do Rio de Janeiro, Cabaret Club, Andarahy Club, Recreio Dramatico Juventude Portugueza, Theatro Club, Gremio dramatico Taborda, Clube Recreativo de Jacarepaguá, Luzitano Club: cinco mil réis; Clube Recreativo Fluminense, Sociedade Familiar Dançante e Dramática Democrata Club, Club Dramatico João Barbosa, Gremio Recreativo de Ramos, Inhaumense Club, Sociedade Dansante e Dramatica Culto á Arte: três mil réis; Sociedade Estudantina Dramática Luzo-Brasileira: podia variar de três ou cinco mil réis, dependendo do tipo de sócio; Violeta Club, Club Dramatico Souza Bastos, Gremio dramatico Cardonense: dois mil réis; Club Dramatico Familiar de Jacarépaguá: podia variar de um a dois mil réis, dependendo da categoria do sócio.

99   Arquivo Nacional. Caixa IJ6 597.

100   Arquivo Nacional. Caixa IJ6 648.

101   Arquivo Nacional. Caixa IJ6 653.

da platéia",[102] que chegou a 1:500$000 (um conto e quinhentos mil réis). Essa atriz negra, também conhecida como "Clara Branca das Neves", retornou ao Rio em 1927, quando trabalhou no "Democrata Circo, na rua Figueira de Melo, perto da chamada praia Formosa e da ponte dos Marinheiros, locais que o progresso da cidade anulou", segundo Jota Efegê.[103] Ora, pelo salário ganho por uma atriz, que apesar desse autor comentar o quanto era bom tanto para a profissão artística quanto para o período, podemos ver que a quantia de 2 mil réis para um ingresso de teatro não era realmente exorbitante. Mesmo salários menores também mostravam que o teatro era acessível, como o caso de Otília Amorim, em 1921, que ganhava 900 mil réis ou Henriqueta Brieba, que recebia 300 mil réis, pouco mais que as coristas, com os baixos salários de 200 mil réis.

Um operário carioca recebia em 1920 a remuneração média de 5,5 mil réis diários se fosse homem; as mulheres recebiam 3,5 mil réis diários. Um ingresso de teatro seria mais ou menos a metade de um dia de trabalho. Outros valores que nos dão um parâmetro para avaliarmos os custos do período são o preço de um quilo de arroz, 2 mil réis, um quilo de feijão, 600 réis, uma galinha, 5 mil réis, um litro de leite fresco, mil réis.[104] Era possível sim "fosse rico ou pobre" se divertir com os palcos espalhados pela cidade. Os preços de peças amadoras ou teatros conhecidos do Centro eram os mesmos e não eram caros. Restava a cada um escolher o espetáculo com que melhor se identificava.

O teatro amador parecia se constituir, através de seus diferentes gêneros, públicos e possibilidades, em campos de disputas sociais e espaços de negociação de ideias, onde se pensavam avaliações sobre a realidade cotidiana. Desde as senhoras da *haute*

---

102   Apud EFEGÊ, Jota. *Meninos, eu vi.* Rio de Janeiro, Funarte, Instituto Nacional de Música, Divisão de Música Popular, 1985, p. 59.

103   EFEGÊ, Jota. *Meninos, eu vi.* op. cit., p. 60.

104   GOMES, Tiago de Melo. *Um espelho no palco, op. cit.*, p. 103.

gommé" até os anarquistas do Centro Galego, as discussões, fossem eruditas ou operárias, eram polemizadas tornando os palcos amadores também palcos de debates e conflitos da sociedade carioca no final do século XIX e princípio do XX, espaços onde se constituíam e expressavam sentidos e percepções sobre o processo de transformação do Rio de Janeiro.

AMADORES EM CENA

A partir das leituras desses periódicos e dos estatutos dos clubes, percebi diferenças marcantes entre os grupos de teatro amador, assim como aproximações e semelhanças que permitiram agrupá-los em, pelo menos, três categorias de amadores: o teatro operário, o teatro dos imigrantes (na sua maioria, trabalhadores) e o teatro praticado pelos grupos médios e mais abastados da capital. Apesar de ser impossível separar nitidamente os grupos libertários dos grupos compostos por imigrantes, percebemos uma clara interseção entre eles. Como veremos neste capítulo, para os operários o teatro podia ser estratégia de militância política, atuando como divulgador das ideias anarquistas e conscientizador da situação dos trabalhadores ou pura diversão; encontramos nos estatutos dos grupos lusitanos e espanhóis uma preocupação com as origens e com a preservação da cultura de origem no novo país; e os grupos médios e as elites, praticando um teatro que julgavam "de qualidade". Vimos ainda alguns nomes de clubes indicando um teatro negro - Gremio Dramatico de Pretos, Gremio Dramatico Familiar Treze de Maio, Club Vasques, Club Dramatico Xisto Bahia-, porém a ausência de documentos a respeitos deles não me permitiu um aprofundamento sobre esse espaço social.

Palcos operários

Enquanto os clubes, grêmios, sociedades e teatrinhos contavam com participantes de diferentes grupos sociais e possuíam distintas propostas para o teatro, todos os grupos dramáticos encontrados eram constituídos por trabalhadores anarquistas e traziam em seus nomes evidências de sua identificação política e ideológica: Os Libertários, Pensamento e Ação, Germinal, Teatro Social, etc. O teatro era para eles um meio de conscientização social, de propaganda de uma ideologia ou, ainda, para formação de uma identidade operária.

O regulamento do Grupo Dramatico Teatro Social, do Rio de Janeiro, organizado em 1906, na sede do Sindicato dos Tipógrafos, determinava que sua composição seria de "operários e operárias que pertençam às suas associações de classe e estejam quites com as mesmas" – demonstrando ser fundamental o pertencimento a uma "associação de classe" e não apenas ser trabalhador. Seus fins seriam a promoção da criação da Casa do Povo e a propaganda "das modernas doutrinas sociais" por meio de espetáculos – determinando já no estatuto seu fim de propaganda política e, mais que isso, de propaganda anarquista. Assim como os estatutos de outros grupos não operários, aqueles que se identificavam como Teatro Social também determinava especificamente como seria administrado o grupo amador, tendo um diretor de cena, que assim como o secretário e o tesoureiro, seria aclamado em assembléia geral; ele seria o responsável pela distribuição dos papéis e a escolha das peças. Bastante radicais, não aceitavam que os "companheiros" se recusassem a desempenhar os personagens determinados e, se assim procedessem, seriam desligados do grupo. O artigo 7° do regulamento do Grupo Dramatico Teatro Social determinava que "os espetáculos em benefício de operários serão concedidos mediante solicitação das comissões administrativas dos sindicatos a que pertencerem, só sendo atendidos os sindicatos que tenham prestado o seu apoio ao Grupo Dramatico Teatro Social"[1] – em que se reconhece a permeabilidade entre a ideologia, a propaganda e o teatro amador como seu alto falante.

Esse mesmo jornal carioca publica um artigo que deixa clara a teoria, os princípios e objetivos que fundamentam o espetáculo para esses grupos:

> Desenvolver uma alta e serena filosofia social de justiça, de liberdade, de igualdade e, paralelamente, fazer uma acerba crítica do mundo atual, eis o que há a esperar do teatro do povo, ativando pelo imediato efeito da vivissecção dramática o fogo instintivo da submissão, a curiosidade civil redentora do Desconhecido (...) Se as obras-primas do gênio artístico são uma idealização do sentimento e da inteligência popular e a alma do povo chamada vida livre pelo cérebro, há de fatalmente reconhecer se nos heróis que faz criar. (...) Popularizar este sentimento comum, num sentido favorável a sua exaltação deve ser o objeto principal do teatro do povo.[2]

A importância do teatro amador operário como parte da estratégia de auto-organização e comunicação de trabalhadores em diferentes cidades brasileiras, a partir do final do século XIX, foi analisada por diferentes autores e também por memorialistas. Desde 1910, o memorialista e operário da indústria vidreira Jacob Penteado já comentava a proliferação dos palcos amadores em São Paulo: "eram muito comuns os espetáculos promovidos por amadores do palco, ou melhor, diletantes, como os chamavam então.

---

1   *Novo Rumo*, n.14, 19 set. 1906. In: VARGAS, Maria Thereza. *O teatro operário na cidade de São Paulo*. São Paulo, Departamento de Informação e Documentação Artísticas, Secretaria Municipal de Cultura, 1980, p. 50-51. Disponível em: http://www.centrocultural.sp.gov.br/livros/pdfs/teatro. pdf acesso em 08 set. 2011.

2   *Ibidem.*, p. 36.

Havia-os em todos os bairros".[3] Uassyr de Siqueira, em sua tese de doutorado de 2008 sobre associações recreativas de trabalhadores paulistanos, diz que "além dos "teatrinhos" improvisados, havia diversas agremiações de recreio, organizadas pelos trabalhadores, que promoviam apresentações teatrais".[4] Para esse autor, as sociedades recreativas eram lugares de construção de diferentes identidades entre os trabalhadores.[5]

Para os líderes das associações desses trabalhadores, o teatro era uma boa maneira de mobilizar a comunidade para incrementar a participação nas entidades associativas de socorro mútuo, recreativas, desportivas e dramáticas. As peças teatrais, comédias e dramas, principalmente, tratavam dos mais diversos temas, desde lutas proletárias, condições de trabalho até aqueles relativos à moral e aos valores familiares.[6] A dramaturga Maria Thereza Vargas afirma que o teatro estava perfeitamente integrado à festa operária e que "esse movimento teatral extraia sua força de existir como celebração de caráter coletivo, onde além de destruir o que deveria ser destruído, possibilitava a antevisão de uma sociedade perfeita, ideal, harmônica, subsistindo através da absoluta liberdade individual".[7] As festas promovidas pelas associações de trabalhadores contavam sempre com uma ou mais apresentações teatrais e eram mais um veículo na construção do movimento operário.

---

3   PENTEADO, Jacob. "Belenzinho, 1910". In: SIQUEIRA, Uassyr de. *Entre sindicatos, clubes e botequins: identidades, associações e lazer dos trabalhadores paulistanos (1890-1920)*. Tese (Doutorado em História), – Universidade Estadual de Campinas, 2008, p. 240.

4   SIQUEIRA, Uassyr de. *Entre sindicatos, clubes e botequins*, op. cit., p. 93-94.

5   FÍGARO, Roseli. *Teatro amador: Uma rede de comunicação e sociabilidade para a comunidade lusófona na primeira metade do séc. XX*, op. cit., Disponível em: <www.revistas.univerciencia.org/index.php/mediajornalismo/article/view/6325>.

6   *Ibidem.*

7   VARGAS, Maria Thereza. *O teatro operário na cidade de São Paulo*, op. cit., p. 10.

O jornal carioca *A voz do trabalhador*, de 1908, descreve uma das festas do Centro dos Sindicatos, que além de muito concorrida, contou com uma conferência de Carlos Dias sobre o teatro revolucionário, com sua fala irônica e insinuante. A segunda parte apresentou a estreia do drama em três atos *O Exemplo*, do "camarada" Mota Assunção. Essa peça teve o enredo inspirado no movimento grevista dos tecelões, em 1903, e, além de muito interessante, teve cenas "cheias de vida e de realidade", mas que não puderam ser apreciadas com a devida importância devido ao pouco brilho dos amadores, além de diálogos, no primeiro ato, um "pouco pesados" e que, segundo o trabalhador, teve um final "um tanto ilógico". O enredo desse drama contava a história de Laura, filha de um industrial, dono de uma grande fábrica de tecidos. Laura é uma moça culta e emancipada de preconceitos sociais e religiosos, que professando idéias avançadas, coloca-se ao lado dos operários da fábrica quando estes iniciam uma greve. O pai, então, para convencer a filha do seu ponto de vista, envia-lhe o padre Nicolau. Após uma forte discussão, "Laura repara na cruz que o padre leva ao peito" e diz: "Padre, olha para essa cruz!". O padre, então, cairia "anonado" sob uma cadeira e esse seria o fim da peça.[8] Apesar do jornal bastante deteriorado, percebemos por meio da crítica e avaliação da festa observar qual o objetivo do texto encenado, mesmo com críticas negativas aos atores – o que, segundo Maria Thereza Vargas, não era um problema: "em todo teatro anarquista a qualidade do espetáculo será bem menos importante do que a sua finalidade aos ideais proletários".[9] A peça defendia claramente o movimento grevista, a emancipação dos preconceitos sociais e religiosos e essas ideias ainda eram apresentadas e defendidas pela filha de um industrial.

---

8   *A voz do trabalhador: órgão da Conferência Operária Brasileira*, ano 1, n. 4, 15 ago 1908.

9   VARGAS, Maria Thereza. *O teatro operário na cidade de São Paulo.* op. cit, p. 50.

Ainda no mesmo jornal, em 1908, lia-se o anúncio da festa mensal do Centro dos Sindicatos Operários, que se localizava num sobrado à rua do Hospício, n.144 e seria realizada no dia 28 de novembro às oito e meia da noite do sábado, como todas as festas operárias. Após a conferência, seria apresentado, pelo Grupo Teatro Livre, o drama trágico em cinco atos *Os maus pastores*, de Octavio Mirbeau, com tradução do amador Ulisses Martins, ensaiado pelo ator Mariano Ferre y Goñi, ex-ensaiador do Grupo Dramatico Teatro Social. O fim da festa seria com o tradicional baile familiar.[10] Já em 1909, num comentário sobre a festa de abril, *A voz do trabalhador* descreve a peça em três atos *Operários em greve*, apresentada pelo Grupo Teatro Livre, e que, apesar de "antiquada e em desacordo com as idéias" que predominam no meio, teve representação bastante correta. Em seguida, o mesmo grupo apresentou o prólogo dramático de um ato *"... Amanhã"*, de Manuel Laranjeira. Esta peça, "de extraordinário valor sob todos os aspectos, foi magistralmente interpretada pelos amadores e amadoras que dela se encarregaram". O cronista, que assina M., só lamenta a falta de compreensão de uma parte do público, mas que isso não seria motivo suficiente para que não fossem representadas.[11]

Ainda no mesmo número de *A voz do trabalhador* vê-se o anúncio da peça em um ato *O triunfo*, de Carrasco Guerra, que seria representada pelo mesmo Grupo Teatro Livre. A peça teve sua apresentação proibida em Lisboa, mas foi levada à cena no Teatro D. Amelia, depois de alguns cortes exigidos pela polícia portuguesa. O anúncio ainda informa que aqui ela seria apresentada na íntegra. Depois, seria encenada a peça em dois atos, *O melhor caminho*, de Luis da Camara Reys e fechando o espetáculo, a "engraçadíssima

---

10   *A voz do trabalhador: órgão da Conferência Operária Brasileira*, ano 1, n. 5, 22 nov. 1908.

11   *Idem*, ano 1, n.10, 01 maio 1909.

comédia" em um ato de Antonio Martins dos Santos, *Casa de babel*.[12]

No jornal *A Lanterna*, de 1913, o cronista que assina C.L. comentou o festival que o Grupo Dramatico Anticlerical promovera em benefício da Liga Anticlerical do Rio de Janeiro: apesar da chuva forte, o festival foi bastante concorrido e teve a representação das peças *Amor louco*, drama social de Antonio Augusto da Silva, *A escada*, fina sátira de Ed. Norés aos preconceitos sociais. No intervalo entre as apresentações, José Oiticica fez uma conferência sobre a moral da Igreja Romana, com uma crítica cerrada à Igreja Católica. A noite acabou em baile na madrugada de domingo.[13]

As festas podiam dar lucros de 346$000, como demonstra a publicação de balancetes no próprio jornal *A voz do trabalhador* no número seguinte,[14] o que garantia a sua publicação, além das apresentações de propaganda político-ideológica a que se destinavam essas apresentações. Aparentemente, poucas eram as diferenças no treinamento e ensaio dos atores ou no repertório dos grupos anarquistas. No meio operário, os grupos libertários disputavam o interesse dos trabalhadores e competiam com o teatro comercial, procurando associar formação e discussão política com o lazer e a distração.

Sobre a progressiva transformação do teatro desses grupos libertários, Francisco Foot Hardman comenta sua perplexidade

---

12 *A voz do trabalhador: órgão da Conferência Operária Brasileira*, ano 1, n. 10, 01 maio 1909.

13 *A Lanterna*, n. 217, 15 nov. 1913, p. 2. In: FIGUEIRA, Cristina Aparecida Reis. O jornal, o cinema, o teatro e a música como dispositivos da propaganda social anarquista: um estudo sobre as colunas "Espetáculos" e "Palcos, telas e arenas" nos jornais *A Lanterna* e em *A Plebe* (1901 a 1921). *Anais do VI Congresso Luso-Brasileiro de História da Educação*, Uberlândia, 2006. Disponível em: <www.faced.ufu.br/colubhe06/anais/arquivos/291Cristin aAparecidaReisFigueira.pdf>.

14 *A voz do trabalhador: órgão da Conferência Operária Brasileira*, ano 1, n. 11, 17 maio 1909.

diante de um anúncio de uma festa-comício do Partido dos Trabalhadores, em março de 1980, com a participação de líderes sindicais ligados a políticos e ao governo, além de senadores e deputados. Hardman imagina a reação dos anarquistas do princípio do século XX ao contar a participação de artistas da Rede Globo, parte do elenco da indústria cultural, e que falta sentiriam de seus amadores fortemente atrelados aos ideais operários e também dos sindicatos livres e independentes: "os anarquistas não trocariam seus próprios artistas amadores, membros dos grupos de 'teatro social', operários-atores das próprias associações sindicais, pelos astros profissionais 'televisados'".[15]

Para Luciana Barbosa Arêas os grupos amadores de trabalhadores podiam incentivar a sindicalização dos trabalhadores através das peças teatrais apresentadas nos festivais. Era uma forma de pensar sobre a realidade que esses trabalhadores viviam e, a partir daí, tentar melhorar essa situação e, também, atraí-los para uma atuação política e sindical. Ela conta sobre os grupos dramáticos 1º de maio, Germinal e Cultura Social, atuantes no Rio de Janeiro, que construíam palcos e cenários e confeccionavam os próprios figurinos. Muitas vezes eles eram reutilizados em diferentes peças por falta de verba para os novos. Mas isso não invalidava o objetivo da empreitada: fazer o operário pensar sobre suas condições de vida e compreender os aspectos básicos da perspectiva de luta e organização anarquista. Para tal, as peças libertárias eram escritas de forma simples e didática e o mundo anarquista representado de forma atraente "envolvendo os espectadores em uma grande catarse".[16]

Outra razão para os trabalhadores fazerem teatro era educar

---

15 HARDMAN, Francisco Foot. *Nem pátria, nem patrão! Memória operária, cultura e literatura no Brasil.* 3ª ed. revista e ampliada. São Paulo: Ed. da UNESP, 2002.

16 ARÊAS, Luciana Barbosa. *A redenção dos operários: o primeiro de maio no Rio de Janeiro durante República Velha.* op. cit., p. 34.

a postura e a linguagem, educar o intelecto, o que levaria ao progresso individual. Essa didática do teatro anarquista fica clara no jornal *O Barbeiro*, de 1926:

> O teatro – mesmo o que é feito por amadores – é um dos mais úteis senão agradáveis dos esportes. Ele nos proporciona entre outras coisas a cultura dos gestos e das maneiras. Corrige defeitos de linguagem, e obriga-nos à execução de uma perfeita estética.
>
> Frequentar pois os *nossos* teatros, as nossas *"soirés"*, pertencer ao G.D.I. (Grupo Dramatico Internacional) e auxiliá-lo em tudo que for possível é mostrar gosto artístico e progresso individual.[17]

Até os anos 1920, os textos encenados pelos operários eram principalmente traduções de originais europeus, entre os quais se destacavam Pietro Gori, Malatesta, Francisco Ferrer e Jean Grave. A partir daí, surgem mais textos de autores residentes ou que haviam residido no Brasil como Neno Vasco, Gigi Damiani, Felipe Morales e Artur Rocha. Outros autores que marcaram o teatro operário no Brasil foram Batista Machado, com *Gaspar, o serralheiro*, Carrasco Guerra, Câmara Reys, Antonio Martins do Santos, Manuel M. Laranjeiras, Santos Barbosa, Zenon de Almeida, Artur Guimarães, Mota Assunção, Isaltino Santos, Batista Diniz, José Oiticica, Marcelo Gama.[18] Esse teatro era divulgado principalmente na imprensa operária. O jornal *Liberdade*, por exemplo, foi publicado entre 1917 e 1919, e manteve uma coluna fixa de notícias e críticas sobre teatro operário e amador, assinada por Miquelote Viana.[19] A dramaturga Vargas comenta o envolvi-

---

17   *O Barbeiro*, Rio de Janeiro, 11 mar. 1926. In: ARÊAS, Luciana Barbosa. *A redenção dos operários*, op. cit., p. 34.

18   CAFEZEIRO, Edwaldo; GADELHA, Carmem. *História do teatro brasileiro: um percurso de Anchieta a Nelson Rodrigues*. op. cit., p. 373.

19   ARÊAS, Luciana Barbosa. *A redenção dos operários*, op. cit., p. 33-35.

mento de Neno Vasco e Gigi Damiani no trabalho de encenação dos grupos amadores e como o trabalho de dramaturgia era um imperativo do teatro. Além de produzir novos textos teatrais, esses autores atuavam como jornalistas e teóricos do movimento anarquista operário brasileiro.[20]

Milton Lopes, da Federação Anarquista do Rio de Janeiro, escreveu um artigo chamado *Memória anarquista do Centro Galego do Rio de Janeiro*, para o Núcleo de Pesquisa Marques da Costa, e cita inúmeras peças teatrais, autores, artistas e grupos amadores que se apresentaram em diversas ocasiões para os frequentadores do Centro Galego, na antiga rua dos Ciganos, entre a Praça Tiradentes e o Campo de Santana. O artigo cobre quase vinte anos da história do movimento anarquista e operário no Rio de Janeiro, período do apogeu de sua militância e que marcou o Centro Galego como espaço de fundamental importância no desenvolvimento de uma cultura libertária e de apoio mútuo, inserido nesse contexto de lutas do operariado carioca. O primeiro registro, levantado por ele, data de 12 de outubro de 1903, na estreia do Grupo Dramatico de Teatro Livre – fundado na Associação Auxiliadora dos Artistas Sapateiros – na rua dos Andradas 87, Centro do Rio, com as peças *1° de Maio* – de Pietro Gori –, e *O mestre* e *A escola social*.

O primeiro ensaiador e organizador do Grupo Dramatico de Teatro Livre foi o gráfico anarquista espanhol Mariano Ferrer e contava com uma orquestra predominantemente feminina. Dois integrantes do grupo, Luiz Magrassi e Antonio Domingues, fariam parte da comissão organizadora do I Congresso Operário Brasileiro, em 1906. Outro nome importante do grupo que se destacou no movimento anarquista foi o do operário espanhol José Romero Ortega, conferencista de diversos eventos importantes ocorridos no Centro Galego. Ulisses Martins, espanhol, tipógrafo e ator do

---

20   VARGAS, Maria Thereza. *O teatro operário na cidade de São Paulo*, op. cit., p. 69.

Grupo Dramatico torna-se, mais tarde, ator profissional. Ele cita diversos outros eventos realizados no Centro Galego e destaca a figura de Helio Oiticica como palestrante em diversos desses eventos e uma parceria casual ou proposital, sem deixar de ser significativa, com outro grupo amador: o Grupo Dramatico Anticlerical, com sede na av. Marechal Floriano, 112, que pretendia "dedicar-se às representações teatrais e à propaganda dos ideais de emancipação humana",[21] apresentando em diversas ocasiões a peça *O pecado da simonia*, de Neno Vasco, entre várias outras.

Apesar da marcante presença desse teatro operário politizado, encontramos outros grupos de trabalhadores na cidade do Rio de Janeiro que buscavam, no teatro, apenas diversão. Era o caso do Violeta Club, sediado na Ladeira do Barrozo, que tinha como fundador e presidente, Lucio Marques de Araújo, empregado no Arsenal da Marinha. Os outros diretores eram o cabo marinheiro nacional, José Anacleto de Farias; o operário, empregado na oficina do Felismino, Noryval Pacheco de Araújo; o marítimo, Antonio Sousa de Carvalho; o carpinteiro, José Freire; outro cabo marinheiro nacional, José Baptista dos Santos; o foguista da Ilha das Enchadas, Antonio Ferreira dos Santos; o operário da oficina de eletricidade, Raul Muller; o operário do Arsenal da Marinha, Sebastião Sepião; e o Rosauro das Neves, que trabalhava na av. Rio Branco, 48. O clube, com ilimitado número de sócios de ambos os sexos, pretendia oferecer bailes pelo menos uma vez por mês, ensinar seus sócios a dançar, manter uma aula de dança, além de "promover, para os benefícios dos cofres sociais, bailes (quermesses) e *representações* com entradas remuneradas pecuniariamente pelos seus sócios e demais pessoas que se interessarem pelo clube".[22] Além de aberto ao público em geral, o Violeta Club deixava claro o objetivo de cobrar

---

21   LOPES, Milton. *Memória anarquista do Centro Galego do Rio de Janeiro (1903-1922)*, op. cit., p. 4.

22   DP, caixa GIFI 6C 479. Arquivo Nacional.

ingressos para a manutenção dos cofres do clube. Em nenhum artigo do estatuto lê-se a questão política como fim ou meio de atuação. Além disso, a preocupação com os bailes, a dança e mais as representações demonstra que aqueles trabalhadores estavam ali em busca do lazer, e nada mais.

Da mesma forma, o Club Dramatico de São Cristóvão, cujo presidente era um professor do internato do Gymanasio Nacional e seu vice, um guarda-livros – na diretoria havia ainda um funcionário público, um funcionário da Sociedade Nacional de Agricultura, três negociantes, um funcionário da estrada de ferro Sapucahy e o gerente da Companhia Luz Stearica. O clube pretendia proporcionar diariamente distrações adequadas a um ponto de reunião e dar *espetáculos*, partidas mensais e outras diversões.[23] Nos documentos encontrados havia uma acirrada discussão entre o clube e a polícia, que o acusava de usar o espaço para jogos proibidos.[24] Sendo jogos proibidos ou espetáculos teatrais os reais interesses desse clube de trabalhadores, ele visava a simples diversão dos seus sócios. Assim, o envolvimento dos trabalhadores com o teatro era plural, podendo ser um meio de ação política ou uma forma de lazer.

Os imigrantes fazem teatro

Além desse teatro anarquista praticado pelos operários, havia o teatro dos grupos de imigrantes que não pode ser desassociado do primeiro, uma vez que estes últimos eram parte maciça dos trabalhadores:

> a organização e a constância desse teatro só poderiam ter nascido de uma comunidade muito rica de múltiplas referências culturais. O caráter nitidamente político desse

---

23   DP, caixa GIFI 6C 251. Arquivo Nacional.

24   Essa discussão foi descrita e comentada no item 3 do capítulo 1.

teatro deixa entrever que o contingente de trabalhadores que aportou ao Brasil partilhava as inquietações e teorias do movimento social europeu. Alguns desses homens saíam da militância libertária para repetir no continente americano a tarefa de propagar seus ideais.

Pela sua possibilidade de sintetizar diferentes meios de comunicação e pelo encontro social que proporciona, o teatro torna-se o veículo ideal para dinamizar a convivência e expressar as aspirações coletivas desses trabalhadores.[25]

No entanto, encontramos outras questões nos estatutos dos clubes de imigrantes que valorizam e fortalecem a questão das origens, da educação dos seus sócios e dos elos entre a cultura de origem e a brasileira, diferenciando-os do primeiro grupo. Apesar de ter encontrado na bibliografia a forte atuação dos anarquistas no Centro Galego, a ausência de objetivos políticos em seus estatutos leva a pensar que esse espaço era utilizado, não somente pelos sócios do clube, mas também por pessoas que alugavam o espaço para outros fins. Essa ausência também pode ser explicada uma vez que esses estatutos tinham que ser aprovados pela polícia, e esta não admitiria esse tipo de militância, impossibilitando os imigrantes de abrirem suas sociedades particulares. Por esse motivo ou simplesmente porque não tinham mesmo nenhuma intenção política, a questão cultural é o que predomina nos detalhados artigos dos estatutos encontrados:

Art. 2º: Ainda que independente, desde sua fundação, considera-se confederada com as sociedades irmãs existentes e com as que se installam no futuro, assim como com as Ligas Gallegas estabelecidas em Galliza, cujos fins este Centro abraça e faz seus. Para melhor e mais rápida realização desta Idea procurará que a Liga Gallega em Corunha se dirija aos Centros de outros países afim de conseguir a federação e assim

---

25 VARGAS, Maria Thereza. *O teatro operário na cidade de São Paulo*, op. cit., p. 13.

melhor poder ajudar a em tudo que redunde em benefício de Galliza.[26]

O parágrafo único desse artigo determinava que o presidente honorário do Centro Galego fosse o delegado do Rio de Janeiro da Liga da Corunha. A preocupação com a instrução era um destaque dos estatutos determinando o ensino primário necessário "para ser membro útil à sociedade". A ideia era estabelecer escolas noturnas para os sócios, filhos e parentes e, se possível, uma ou mais diurnas, gratuitas ou não. Oferecer conferências relativas a "todos os ramos do saber humano", sem, no entanto, discutir política ou religião. Periódicos nacionais e espanhóis estariam num gabinete de leitura à disposição. Festejar as glórias da Espanha, especialmente de Galiza, enaltecer o nome da "pequena pátria", proteger o imigrante galego e os conterrâneos brasileiros, além de demonstrar os "elevados pensamentos que geralmente distinguem os filhos da região galaica".

Os estatutos do Centro especificavam que seus sócios, para ter voz, voto ou serem eleitos, deveriam ser naturais de Galiza ou filho de pai galego; os brasileiros, portugueses e os provenientes de outras províncias espanholas poderiam apenas ser sócios contribuintes. Além da contribuição dos sócios de 5 mil réis, dos donativos, os fundos do Centro poderiam ser arrecadados nos teatros ou circos do próprio Centro. Os sócios amadores podiam fazer apresentações lírico-dramáticas, de música, de declamação e coro. Se precisassem de outros artistas amadores, poderiam ser contratados. A possibilidade de contratação de artistas não pertencentes ao Centro demonstra o papel fundamental que o teatro tinha na concretização dos seus objetivos, fossem de resgate e valorização da memória galega, fossem de propaganda libertária.

As festas tinham o propósito de valorizar a origem galega:

---

26   DP, caixa GIFI 6C 479. Arquivo Nacional.

no primeiro domingo de julho havia um passeio campestre para honrar a memória da heroína corunhesa Maria Pita, solenizando a expulsão dos ingleses da capital de Galiza; para esse passeio seriam organizados os seguintes concursos:

> 1º Designar o grupo que melhor tenha bailado a *Muinheira*; 2º Idem a *Ribeirana*; 3º O que apresenta uma comida mais tipicamente gallaica, preparada no local; 4º Idem levada já preparada; 5º Canto de *ala-la-la*; 6º Certame de gaitas[27]

Durante o Carnaval, além do baile de máscaras, também celebrariam o *"Jueves de Comadres"* ou no *"Domingo de Piñata"*, um baile de meninos menores de catorze anos com prêmios para os melhores trajes típicos.

Os estatutos do Centro Galego eram os mais específicos possíveis nas questões das homenagens, festas e questões de instrução. A preocupação com a valorização das origens e da educação possibilita a interpretação, não apenas de uma busca de aproximação de valores entre os sócios do clube, como também a preocupação com uma educação na terra brasileira de princípios galegos e de inserção na cultura local. As festas e espetáculos seriam um meio pedagógico de proximidade entre a cultura de origem e o Brasil.

Havia uma numerosa colônia de portugueses no Rio de Janeiro que, segundo os cronistas do período, formavam uma categoria de público diferenciada que buscava um teatro de "categoria". Essa preocupação é bastante clara nos estatutos dos diversos clubes formados pelos imigrantes. Apesar de sabermos que esses estatutos podiam escamotear intenções políticas em vista da aprovação pela polícia, encontramos evidências da valorização da educação nos espaços utilizados por essas sociedades e, em relação ao teatro, a valorização da declamação, característica que as elites julgavam dar

---

27 DP, caixa 6C479. Arquivo Nacional.

qualidade aos espetáculos.

O Lusitanto Club, fundado em 1917 e sediado na Praça da República, apesar de não exigir obrigatoriedade da nacionalidade portuguesa para os seus sócios, mostrava no artigo 2º dos seus estatutos a preocupação em manter escolas de dança, esporte, música e arte dramática, assim como uma biblioteca para seus associados. Determinava a criação de "outros elementos de instrução, desenvolvimento e recreio dos sócios", bem como aulas noturnas e instrutivas, além de auxílio e proteção "de acordo com a sua índole e dentro dos limites de suas forças.[28] O artigo 76º determina ainda que, se a sede fechasse por falta de rendimentos, os bens seriam vendidos e, depois de pagos os credores, o saldo seria distribuído igualmente para a escola João de Deus de Portugal e outra escola brasileira, mostrando uma nítida preocupação com a educação e com os laços nacionais.

Muito semelhantes eram os objetivos do Recreio Dramatico Juventude Portugueza, que em 1915 pedia licença para ministrar aulas de música, dança, declamação e canto,[29] ressaltando o teatro declamatório, aquele valorizado pelas elites letradas da sociedade carioca. Ou ainda a Sociedade Estudantina Dramatica Luzo-Brasileira, sediada em Inhaúma desde 1913, exclusivamente masculina, que tinha por fim "cultivar e ensinar a arte musical em instrumentos de cordas", criar uma corpo dramático e cômico infantil, dar um baile mensal e ainda criar uma pensão para os associados enfermos, além de auxílio funeral.[30] Através de uma educação pelas artes, essas sociedades tinham uma importante contribuição nos ideais culturais hegemônicos da capital, além da construção de solidariedades entre os participantes daquelas associações.

A valorização da educação é vista também na preocupação em proporcionar outros locais de aprendizagem como as biblio-

---

28   DP, caixa IJ6 649. Arquivo Nacional.

29   DP, caixa IJ6 564 e IJ6 563. Arquivo Nacional.

30   DP, caixa 6C 479. Arquivo Nacional.

tecas, conferências, escolas noturnas e diurnas, além de possibilitar o convívio entre os trabalhadores. Se pensarmos que esses centros ou sociedades favoreciam os encontros das pessoas de um mesmo bairro nesses ambientes, podemos considerar também que os espetáculos teatrais eram permeáveis às relações da plateia, que possivelmente convivia com os próprios artistas no seu dia a dia de trabalho e estudo.

O teatro amador e operário luso-brasileiro em São Paulo foi objeto de estudo da jornalista Roseli Figaro, da Escola de Comunicações e Artes da Universidade de São Paulo, que enfatiza o crescimento dos grupos de teatro amador especialmente a partir de 1904. Segundo a jornalista, os lugares de encenação de peças junto com as entidades associativas colaboraram na formação de um circuito cultural popular alternativo, que contou com a importante contribuição dos imigrantes e desses artistas amadores, servindo como espaço de sociabilidade e de cooperação, aproximando a comunidade lusófona.[31]

Em um artigo de 1943, Escragnolle Doria comenta sobre a "tradição carioca dos amadores" ainda mantida pela Sociedade Particular Filhos de Talma, fundada em 1879[32] e que contava, em 1901, com mais de setecentos sócios.[33] Essa sociedade, sediada à rua do Propósito, na Saúde, homenageava o francês Francisco José Talma (1763-1826), ator trágico que conquistou a estima de Napoleão Bonaparte, que, em 1808, ao conversar com Alexandre I, da Rússia, em Erfurt, prometeu levar Talma a uma platéia de reis. A peça escolhida por Napoleão foi *A morte de César* – onde César seria o próprio Napoleão – e os conjurados de Roma seriam os reis da platéia. Os Filhos de Talma em 1918 mantinham importantes

---

31   FÍGARO, Roseli. *Teatro amador*, op. cit.

32   "Teatros de Amadores". *Revista da Semana*, 26 jun. 1943, p. 19.

33   AZEVEDO, Arthur. "O Theatro". In: NEVES, Larissa de Oliveira Neves; LEVIN, Orna Messer. (orgs.). *O Theatro*, op. cit.

membros da diretoria com nacionalidade portuguesa, como o próprio presidente Joaquim Dias Moreira, negociante, residente a rua do Livramento. Nessa mesa diretora encontramos mais dois portugueses, todos negociantes, e quatro brasileiros: um proprietário, um mecânico radio-telegrafista, um operário e ainda um empregado do comércio.[34]

Mesmo com a presença de trabalhadores pobres, essa sociedade particular parecia valer-se dos valores inspirados pelas elites e, dessa forma, valorizavam o teatro "sério". Pelo menos, é o que nos aponta a escolha da peça escrita em 1840, *O Homem da máscara negra*, do autor português romântico José da Silva Mendes Leal Junior e apresentada em 5 de novembro de 1881, no teatro Gymnasio.[35] Ou o repertório quase exclusivamente estrangeiro escolhido para a comemoração de seu 22º aniversário, apresentando somente três peças nacionais: *Luxo e vaidade, Gonzaga* ou *A revolução de Minas* e a comédia *Um professor apaixonado*, escrita pelo seu consócio João Severino dos Santos.[36] Apesar dos elogios aos ótimos elementos do Clube, Arthur Azevedo lamentou o repertório pouco nacional, escolha também bastante comum entre os grupos médios e mais abastados da sociedade carioca.

Mais preocupada com a preservação da cultura de origem estava o Centro Catalã do Rio de Janeiro, sediado na rua Gomes Carneiro e que, em 1912, definia em seu artigo 1º os seus fins: "cultivar o idioma, usos e costumes da nacionalidade catalã, por meio de conferências, festas teatrais, danças, criação de uma caixa de beneficência, etc..."[37] e para tal dividia o trabalho em três sessões:

---

34   DP, caixa IJ6 649. Arquivo Nacional.

35   *O Espectador*, ano I, n. 4, 3 dez. 1881.

36   AZEVEDO, Arthur. "O Theatro". In: NEVES, Larissa de Oliveira Neves; LEVIN, Orna Messer. (Orgs.). *O Theatro*, op. cit.

37   DP, caixa GIFI 6C 479. Arquivo Nacional.

> A 1ª recreativa, a qual terá a obrigação de procurar de forma mais prática a organização de festas, sejam teatrais, literárias ou musicais as quais se tem algum bom elemento ainda que não seja catalão, também poderá tomar parte.
>
> A 2ª instrutiva e esportiva, a qual terá por fim organizar conferências esportes, e fundar uma biblioteca, a qual de rigor atendendo a finalidade do Centro, será clássica Catalã, de autores antigos e modernos, cooperando a parte periodística e revistas literárias e científicas ao mesmo tempo cooperará o elemento internacional.
>
> A 3ª benéfica a qual se encarregará da criação de uma caixa de auxílios mútuos; para organizá-la se fará uma assembléia geral.[38]

Interessante observar que o teatro, a literatura e a música são apresentados como recreação e, se houvesse um "bom elemento" que não fosse catalão também poderia ser apresentado; essa sessão, como era chamada, indica uma aproximação das culturas catalã e brasileira (ou outras) e ainda, como eles entendiam o teatro: diversão. Está claro que a pedagogia ou instrução, como é colocada na segunda sessão, se dá por conferências, biblioteca e revistas literárias e científicas; de onde se compreende que o teatro não era visto por eles como uma atividade pedagógica – ainda que o fosse. Na terceira sessão está presente a preocupação com o auxílio pecuniário entre os imigrantes, indicando que essas associações eram espaços de construção de identidades e solidariedades. E apesar de não haver restrição de nacionalidade para tornar-se sócio, nas assembléias somente podiam ser eleitores ou eleitos os que fossem catalães. E eles definem: "Compreendemos como catalães os *Roselloneses, Mallorquines* e *Valencianos.*"[39]

Assim, numa análise dos estatutos dessas agremiações dramáticas formadas pelos imigrantes, vemos a participação de trabalhado-

---

38 DP, caixa GIFI 6C 479. Arquivo Nacional.

39 DP, caixa GIFI 6C 479. Arquivo Nacional.

res e camadas médias da sociedade carioca e a ênfase na educação, na preservação da memória das origens européias e o teatro como veículo dessas informações, assumindo o papel pedagógico e de integração social. Por outro lado, não podemos esquecer que esses imigrantes eram, muitos deles, trabalhadores de fábricas, que sofriam com as injustiças sociais desde a terra natal e, por isso, também traziam de lá uma prática de militância política que podia estar disfarçada nesses estatutos, implícita em silêncios forçados pela burocracia da capital para que pudessem ter, no entanto, voz ativa nos palcos da cidade.

O teatro "haute-gaumme"

Vimos ao longo do trabalho o esforço de alguns articulistas em valorizar o teatro nacional e estimular os amadores a escreverem e representarem peças brasileiras. No entanto, vimos também que essas peças deviam corresponder a um padrão de literatura que estava de acordo com os princípios de determinados grupos sociais, que condenavam, por exemplo, o teatro ligeiro e as revistas musicadas, peças que demandariam menos "responsabilidade cênica".[40]

Apesar de não ter muitos elementos nos estatutos sobre quem eram os participantes desses grupos amadores mais abastados da sociedade carioca uma vez que não havia uma proibição explícita em relação a pessoas com condições financeiras inferiores, alguns aspectos permitem observar diferenças sociais e no tipo de teatro valorizado por eles. O Club Dramatico Fluminense, por exemplo, sediado a rua Senador Eusébio, frisava, no artigo 2º dos seus estatutos, a pretensão de oferecer aulas de declamação e palestras literárias, garantindo, dessa forma, a "qualidade" dos seus amadores e dos seus espetáculos.[41] Pude, no entanto, perceber que determinados críticos e cronistas dos jornais tinham preferência por

---

40   "Teatros de Amadores". *Revista da Semana*, jun. 1943, p. 19.

41   DP, Caixa GIFI 6C 135. Arquivo Nacional.

peças apresentadas por esses grupos mais seletos. Foi através deles que consegui reunir informações sobre a composição social de seus membros e os títulos de peças apresentados por esses amadores. Cafezeiro define quem são esses grupos sociais:

> O elenco, arregimentado entre membros de uma classe social que não via no teatro perspectiva de profissionalização (nem necessitava disso), compunha-se de moças e rapazes formados dentro de uma mentalidade que buscava no idioma francês a nota de refinamento e tinha, no conhecimento (mesmo que superficial) das vanguardas artísticas européias, a prova incontestável de apuro intelectual.
>
> Para esses amadores, sair dos salões particulares, onde se recitava poesia, para um pequeno palco amador no Cassino Beira Mar, não era passo grande e que exigisse esforços maiores.[42]

Cafezeiro cita ainda Renato Vianna, que defendia o poder das elites intelectuais e econômico-financeiras atuando nos palcos e construindo uma imagem de "honradez e beleza, modelo ético para as outras classes".[43] "Um conjunto de pessoas de boa sociedade" era como se apresentava a Estudantina Furtado Coelho, com sede na rua Visconde de Sapucahy e ligada ao Gremio Dramatico Furtado Coelho, em 1905.[44] Um pouco mais afastado, o Gremio Recreativo de Ramos estabelecia como regras para a admissão de seus associados: além de "ser morigerado e de bons costumes", deveria ser indicado por um sócio, e "pessoas de cor preta não poderão ser admitidas quer como sócios quer como convidados".[45] Esse grêmio controlava até o traje que devia ser usado nos bailes mensais:

---

42 CAFEZEIRO, Edwaldo; GADELHA, Carmen. *História do teatro brasileiro: um percurso de Anchieta a Nelson Rodrigues*. op. cit., p. 429-430.

43 CAFEZEIRO, Edwaldo; GADELHA, Carmen. *História do teatro brasileiro: um percurso de Anchieta a Nelson Rodrigues*, op. cit., p. 368.

44 DP, Caixa GIFI 6C 170. Arquivo Nacional.

45 DP, Caixa IJ6 595. Arquivo Nacional.

deveria ser um "traje civil" e o traje branco era proibido.[46] Mesmo em Ramos esse grêmio se identificava com aqueles descritos por Cafezeiro, o que demonstra aquela disseminação desses valores por toda a cidade e não apenas em determinados bairros.

Um curioso artigo, assinado por Eduardo Victorino, sobre a virtuosidade das atrizes publicado no *Almanach Theatral* cita Alexandre Dumas: "muitas filhas de Eva, dão o excepcional exemplo de ser a um tempo, brilhantes talentos como artistas e modelos de dignidade como mulheres" e também Jeanne Hading: "se uma atriz responde que deve ser um dragão de virtude, chamam-lhe pretensiosa; se responde o contrário... chamam-lhe descarada. Creio que não é preciso ser uma nem outra coisa, quer se represente *Agnes*, quer se interprete *A mulher de Claudio*". E conta uma anedota de Dumas:

> Ensaiando ele, uma de suas peças, foi obrigado a dirigir-se a uma atriz nos seguintes termos:
> — Minha senhora, assim não vai bem... entre no personagem!
> — É o que estou procurando fazer, respondeu-lhe a atriz, mas apesar de não me considerar uma santa, se é preciso ter todos os vícios da sua heroína, para fazer bem o papel, renuncio-o já.
> — Oh! Minha senhora, replica Alexandre Dumas, com a sua proverbial franqueza, v. exa. ainda ontem representou admiravelmente um papel de mulher honrada![47]

Assim, a questão da imagem construída socialmente sobre as atrizes profissionais era um motivo para muitas senhoritas e senhoras dos grupos médios e mais abastados da capital permanecerem no amadorismo. Além disso, havia também a discussão acerca da qualidade das peças teatrais, valorizando textos europeus e preferindo os dramas e altas comédias às comédias ligeiras.

---

46   DP, Caixa IJ6 595. Arquivo Nacional.

47   *Almanach Theatral*, Rio de Janeiro, 1898, p. 49.

Para pensarmos mais a fundo nessa questão, pretendo comentar alguns aspectos sobre o repertório desses amadores. As peças encenadas variavam em gênero, podendo ser dramas, altas comédias, revistas, operetas ou mesmo óperas. Luiz Edmundo comenta sobre algumas das peças procuradas por amadores nas livrarias da cidade: *Doutoras*, de França Jr, *Fantasma branco*, de Macedo, ambas comédias de um ato.[48]

Em sua avaliação sobre *Uma questão de divórcio*, de Luiz Tosta da Silva Nunes, Arthur Azevedo elogia a facilidade do autor em "dialogar numa língua incisiva e correta", porém critica o modelo de sociedade de Silva Nunes que aparentemente teria se inspirado nos franceses para essa peça apresentada pelo Club 24 de Maio. A peça conta a história de uma aventureira, que fora cantora de cafés cantantes em Paris e se tornou condessa casando-se com um "idiota". A trama se passa no Rio de Janeiro e mostra uma "sociedade inteligente e elegante, porém inescrupulosa". Na mesma crítica, Azevedo elogia ainda o ensaiador Oscar Motta e sua representação no papel do banqueiro Dower, dizendo "que magnífico ator para o teatro que eu sonho!".[49] Arrisco dizer que esse sonho seria o teatro "sério" brasileiro e a valorização dos costumes locais como ele insistia em repetir nas suas diversas crônicas e críticas teatrais. A idéia do teatro amador constituir um espaço para encenação desses textos era compartilhada com Coelho Neto e João do Rio, entre outros.

Ainda que distante do centro e dos espaços considerados pelos críticos como mais refinados, o Inhaumense Club também mantinha uma escola dramática e pretendia criar uma biblioteca "onde figurarão 'dramas', 'comédias' e 'romances', escolhidos, devendo a diretoria selecionar e dar preferência as obras de escrito-

---

48   EDMUNDO, Luiz. *O Rio de Janeiro do meu tempo*. op. cit., p. 280.

49   AZEVEDO, Arthur. "O Theatro". In: NEVES, Larissa de Oliveira Neves; LEVIN, Orna Messer. (orgs.). *O Theatro*, op. cit.

res brasileiros";[50] correspondendo, assim, as expectativas daqueles literatos. Na contramão dessa ideia, o Cabaret Club, com sede a rua Barão do Ladario, determinava nos seus estatutos de 1912, seu fim de proporcionar espetáculos de gênero ligeiro e, mais especificamente, um

> magnífico serviço de cabaret, procurando tanto quanto possível igualar o que de melhor existe no estrangeiro, preenchendo assim uma lacuna deveras sensível no meio de adiantamento crescente da nossa grande capital.[51]

E, para tal, ainda determinava seus modelos: *"Cabaret dês Gourmets"*, *"L'International"*, *"L'Universal"* e "outros da grande capital francesa". Nos quesitos essenciais para ser sócio nesse clube estavam as ocupações de preferência da diretoria: "empregado comercial ou público de categoria", "artistas distintos de artes liberais" e ainda "capitalistas e seus prepostos".[52] Dessa forma, mesmo com alguns grupos preferindo textos brasileiros, o modelo francês ainda estava presente mesmo no teatro musicado popular considerado de "menor qualidade".

Em 1901, na mesma coluna "O Theatro", que mantinha no jornal, Arthur Azevedo elogiou a comédia em três atos *O 116*, de Baptista Coelho, escrita para os amadores do Elite Club e apresentada na casa da romancista brasileira Julia Lopes de Almeida. Esclarecia que não era exatamente uma "comédia de caracteres" nem tampouco tinha pretensões literárias, mas que era uma "peça de costumes, bem feita, bem dialogada, bem urdida", "sem ambiguidades" e ainda: "um trabalho escrupuloso e decente, uma peça que pode

---

50 DP, Caixa IJ6 597. Arquivo Nacional.

51 DP, Caixa GIFI 6C 479. Arquivo Nacional.

52 DP, Caixa GIFI 6C 479. Arquivo Nacional.

ser representada por senhoras e cavalheiros da boa sociedade".[53] E sobre uma outra apresentação da mesma peça, o autor diz:

> *O 116* é um trabalho de comediógrafo avisado e observador. Sem ser uma obra prima (e qual é a obra prima do teatro brasileiro?) tem o direito de figurar entre as melhores produções da nossa literaturazinha dramática. É uma peça de costumes, sem caracteres nem paixões, mas reproduzindo ao vivo um dos aspectos da sociedade carioca; há de ficar como um documento da nossa época frívola e da nossa educação defeituosa.[54]

Essa era a opinião de Arthur Azevedo acerca do teatro brasileiro, marcado, segundo ele, pela ausência de obra-prima, caracterizada por uma literatura dramática apresentada no diminutivo, com visível desdém e, mais ainda, pela educação defeituosa dos brasileiros. O articulista demonstra seu preconceito e o paradigma da literatura européia como modelo para o Brasil, que a devia seguir usando, no entanto, a originalidade baseada nos costumes locais.

Entre as peças encenadas pelo Elite Club, localizado na rua Mariz e Barros, encontramos *Kean, o grande industrial*, de Ohnet, *Sua Excelência*, de Gervasio Lobato, *Assassina*, de Edmond About, *As bodas de Beijolie*, de Durie[55] e *S. João na roça*, original de Ernesto de Souza, farmacêutico que fazia versos humorísticos e música popular, autor da letra e da música interpretada numa revista de Moreira Sampaio e que se tornou extremamente popular na cidade do Rio de Janeiro, que dizia: "Eu tenho uma namorada. Lá na praça do mercado, etc".[56]

---

53   AZEVEDO, Arthur. "O Theatro". In: NEVES, Larissa de Oliveira Neves; LEVIN, Orna Messer. (orgs.). *O Theatro*, op. cit.

54   *Ibidem.*

55   "Teatros de Amadores". *Revista da Semana*, 26 jun. 1943, p. 19.

56   AZEVEDO, Arthur. "O Theatro", 11/07/1901. In: NEVES, Larissa de Oliveira Neves e LEVIN, Orna Messer. (Orgs.). *O Theatro* – crônicas de Arthur Azevedo. Campinas, Editora da Unicamp, 2009.

O Club Fluminense, localizado no Campo de São Cristóvão, era "filho do Elite Club", que "tanto impulso deu ao movimento de amadores, apurando-lhes o gosto e educando-os no palco".[57] Lá podia-se assistir *A senhora ministra*, de Schwalback, *Um amigo das Arábias*, de Eduardo Garrido[58] ou a apresentação, em 1908, da comédia de Arthur Azevedo, *O dote*, ensaiada pelo "velho Martins" e regada de elogios pelo próprio em sua crônica.[59] Foi também o Fluminense o palco onde foi encenada *Pelo Amor!* e *A senhora ilustrada*, a primeira escrita por Coelho Neto e a segunda traduzida por Arthur Azevedo, ambas representadas em 1897 e sendo anunciadas pela *Gazeta de Notícias*, que valorizou o fato do elenco ser formado por "distintos amadores e amadoras", tendo *Pelo amor!* destaque devido ao seu "alto valor".[60] Ainda no mesmo clube houve a representação da "comediazinha" em verso intitulada *A prova*, escrita por um dos sócios do Fluminense, sob o pseudônimo de Gypsi. O comentário do cronista sobre a questão da autoria é bastante significativo:

> Vejo com prazer que o Club Fluminense, o Club 21 de Maio e outros compreendem e sentem essa necessidade e, se mais não fazem, é por circunstâncias independentes dos seus bons desejos. Só tenho palavras para animá-los nessa boa trilha. Uma peça mal-feita por um sócio tem num teatro de amadores, significação mais elevada que a mais perfeita obra-prima do teatro estrangeiro.[61]

---

57 *Almanaque d'O Theatro*, ano 1, 1906.

58 "Teatros de Amadores". *Revista da Semana*, 26 jun. 1943, p. 19.

59 AZEVEDO, Arthur. "O Theatro". In: NEVES, Larissa de Oliveira Neves; LEVIN, Orna Messer. (orgs.). *O Theatro*, op. cit.

60 CARVALHO, Danielle Crepaldi. *"Arte" em tempos de "chirinola": a proposta de renovação teatral de Coelho Netto (1897-1898)*, op. cit., p. 35.

61 AZEVEDO, Arthur. "*O Theatro*". In: NEVES, Larissa de Oliveira Neves; LEVIN, Orna Messer. (orgs.). *O Theatro*, op. cit.

TEATRO AMADOR

Não foi à toa que Azevedo recomendou à companhia Dias Braga o texto *Paz*, de Cunha Junior, representado no Teatro do Club 24 de Maio, mesmo sem tê-lo lido.[62] E elogiou esse mesmo clube quando este colocou em cena a peça de sua autoria, *Badejo*, em 1905, fazendo sentido o comentário:

> A peça não era nova, mas era brasileira, e, pondo de parte o ser minha, como poderia ser de outro qualquer, tanto bastou para que o espetáculo me causasse mais prazer do que me causaria se me dessem *Vers l'amour*, de Gaudillot, ou *La rafate*, de Bemstein, os dois estrondosos sucessos parisienses de mais fresca data.[63]

Relembro que saiu do mesmo Club Fluminense a amadora vitoriosa no concurso promovido pelo *Almanaque d'O Theatro*, a senhorita Constança Teixeira, nascida na capital fluminense e filha do comerciante sr. José Luiz Teixeira Junior e de d. Delphina Teixeira. Constança estreou no club Gymnastico Portuguez em uma pequena comédia, fazendo logo a seguir a velha *Pulcheria*, da *Helena*, de Pinheiro Chagas. Desempenhou a elogiadíssima ingênua do *Badejo*, de Arthur Azevedo, ainda no Elite Club e foi muito aplaudida interpretando *Ambrosina* pelo Centro Artístico. Foi no palco do Elite Club que a amadora recriou os papéis da ingênua *Anna Damby*, do *Kean* à caricata *Mme. Chambaudet*, tendo participado de mais de cinquenta peças diferentes. Entre os seus melhores papéis figurariam em destaque: a Athanais, do *Mestre de forjas*, traduzido por seu pai, e "onde a talentosa amadora triunfou em toda a linha", a ponto de alguns críticos julgarem-na, nesse papel, superior as demais intérpretes dos teatros do Rio de Janeiro. A amadora permaneceu nos palcos do Club Fluminense, ao lado dos

---

62   *Ibidem.*

63   AZEVEDO, Arthur. "O Theatro". In: NEVES, Larissa de Oliveira Neves; LEVIN, Orna Messer. (orgs.). *O Theatro*, op. cit.

amadores do extinto Elite Club, e ali ainda atuou brilhantemente como a Baroneza de Vanhart, do *Marquez de La Seigliére*, em que, "prejudicada pelo seu físico elegante e flexível, encantou a platéia pela maneira de dizer, de detalhar uns pequeninos nadas – que são tudo".[64]

João Luso, poeta e escritor, dedicou-lhe uma poesia que ficou destacada no salão de honra de Teixeira Junior em um quadro ilustrado por Julião Machado. A poesia demonstra o quanto a atriz era querida do público:

À senhorita Constança Teixeira

Essa que a História aponta, a formosa Constança
Esposa amante e fiel de Pedro, o justiceiro.
Reinou num grande trono, e foi, a História o afiança,
Adorada d'um povo, entre os povos, primeiro.

Certo dia, porém, Ignez com a loura trança
Do Monarca prendeu o coração ligeiro.
Pobre rainha então, sem trono, sem esperança,
Morreu de ingratidão no negro cativeiro.

É Constança o teu nome, e és tu também rainha
Mas d'um reino melhor, num trono onde se aninha
Quanto de belo e bom criou a natureza:

O talento, a bondade, o ideal supremo d'arte...
Não há no mundo Ignez que possa destronar-te
Soberana gentil da graça e da beleza.[65]

O drama em cinco atos *A morgadinha de Valflor*, do português ultra-romântico Pinheiro Chagas foi apresentado em noite de festa

---

64   *Almanaque d'O Theatro*, ano 1, 1906.

65   *Almanaque d'O Theatro*, ano 1, 1906.

pelo Club Dramatico Alumnos de Minerva.[66] Esse drama, aliás, foi resgatado como repertório típico saudosista por Arthur Azevedo em seu "paródico *O mambembe*".[67] No mesmo ano, o Gimnasio do Retiro da America apresentou o drama *Os vampiros sociais* e a comédia em um ato *Por causa da meia pataca*,[68] além de *Guerra aos Nunes, Atribulações de um estudante, Os dois surdos, A história de um marinheiro* e *Amor em liquidação*.[69] O Club Atheneu Juvenil, fundado por "alguns moços inteligentes e corajosos", na Praça Pinto Peixoto, em São Cristóvão, teve seu lançamento na casa do sócio Rocha Mattos, seguido de uma "animada *soirée* no elegante *chalet* do amável sócio J. Faria" e que só terminou às seis e meia da manhã!.[70] Na inauguração, foi apresentado *Os vampiros sociais* e a comédia *A senhora está deitada*. *O Espectador* comentou que a inauguração foi pomposa, tendo enfeites no largo onde se encontrava um coreto, no qual se ouvia uma banda militar nos intervalos do espetáculo.[71] "Pompa e circunstância" aliás, era o que não poderia faltar na comemoração do aniversário do Club Recreativo Dramatico, sediado na Ilha do Governador, que frisava que o sarau dramático comemorativo deveria estar revestido com "toda pompa e circunstância" no artigo 5º dos seus estatutos de 1907.[72] Para esses amadores, a música era um ingrediente que não faltava aos espetáculos teatrais, podendo entrar no princípio, no fim e intervalos das peças, sendo os programas mais dramáticos acompanhados por números de piano.[73]

---

66   *O Espectador*, ano III, n. 43, 30 dez. 1883.

67   PRADO, Décio de Almeida. *História concisa do teatro brasileiro:1570-1908.* op. cit., p. 172.

68   *O Espectador*, ano III, n. 14, 10 jun. 1883.

69   *Ibidem*, n. 8, 15 abr. 1883. 247.

70   *Idem*, ano II, n. 7, 10 out. 1882.

71   *Idem*, ano III, n. 5, 11 mar. 1883.

72   DP, Caixa GIFI 6C 250. Arquivo Nacional.

73   "Teatros de Amadores". *Revista da Semana*, 26 jun. 1943, p. 19.

Moreira de Vasconcelos escreveu um drama em três atos intitulado *Castro Alves* a pedido do Club Dramatico Kean,[74] que também receberia, em 1882, *Pacto infernal*, propaganda abolicionista num drama em quatro atos de Julio H. do Carmo.[75] Décio de Almeida Prado acredita que a atividade amadora pretendia

> não apenas levar ao palco pessoas que se sentiam com vocação dramática porém não queriam perder seu posto na hierarquia social, mas também preservar um passado teatral julgado honroso e consistente, quer quanto à peça, quer quanto à representação.[76]

Traduzida por Machado de Assis, *O suplício de uma mulher*, drama de Dumas Filho foi apresentado no Gremio Dramatico, no Méier. O Club da Gavea, descrito como um "teatro campestre" e com uma "assistência seleta", tinha o Conselheiro Antonio José de Amaral, pertencente a Escola Militar, como um dos animadores e organizadores do clube. O Club da Gávea era dos mais antigos do Rio de Janeiro e lá foram representadas as peças *Amigo das mulheres*, de Dumas Filho e *Chapéu de palha da Itália*, de Labiche (autor de "comédias bem gaulesas").[77] O Gremio Jupyra trouxe *Almanjarra*, de Arthur Azevedo e *Irmão das almas*, de Martins Penna. No Guarany Club, *Tipo brasileiro*, de França Junior e *A véspera de reis*, "que por Xisto Bahia tanta nomeada deu a Arthur Azevedo".[78]

Na estação do Riachuelo encontramos o Club Riachuelense, que lá se instalou em 1875 e fez uma récita beneficente, em 30 de outubro de 1882, para alforriar o escravo Narciso, porteiro e guarda do clube.[79] Em 1887, apresentou o clássico *Otelo*, de Shakes-

---

74 *O Espectador*, ano II, n. 3, 17 jul. 1882.

75 *O Espectador*, ano II, n. 9, 18 nov. 1882.

76 PRADO, Décio de Almeida. *História concisa do teatro brasileiro: 1570-1908*. São Paulo, op. cit., p. 172.

77 "Teatros de Amadores". *Revista da Semana*, 26 jun. 1943, p. 19.

78 *Ibidem.*

79 "Teatros de Amadores". *Revista da Semana*, 26 jun. 1943, p. 19.

peare.[80] E em 1904, representou a peça trágica em cinco atos *O dedalo*, do francês Paul Hervieu, traduzida por Oscar Motta, amador do próprio clube. Arthur Azevedo refere-se ao texto como novo e literário, "cumprindo assim nobremente a delicada missão educadora que lhe incumbe, isto é, pondo seus associados em contato com os primores do Teatro Francês", público "mais inteligente do mundo".[81] A peça fala sobre casamento e traição, fazendo uma propaganda contra o divórcio dos casais, justificando esse ataque em função dos filhos, "elos indestrutíveis"[82]. O cronista reproduz essa argumentação nas linhas do terceiro ato:

> *Mari et femme, ce n'est pas être mariés; cela n'empêche point les divergences, les antipathies, les révoltes, ni, hélas! les trahisons!... Mais, père et mère, on est prodigieusement indentiques et unis, et sans attache appreciable avec le reste du monde. On n'est que ces deux-là, sur terre, á pouvoir ne faire qu'un.*[83]

No mesmo bairro, o teatro do Riachuelo por vezes era alugado para outros amadores. E contou com a representação de "peças de responsabilidade" como *Rean*, de Alexandre Dumas, *Morgadinha de Valflor* de Pinheiro Chagas ou a comédia nacional *Direito por linhas tortas*, de França Junior, e ainda traduções francesas como *O fiscal de Wagons Leitos*, de Bisson.[84]

---

80   *Ibidem.*

81   AZEVEDO, Arthur. "O Theatro". In: NEVES, Larissa de Oliveira Neves; LEVIN, Orna Messer. (õrgs.). *O Theatro*, op. cit.

82   *Ibidem.*

83   "Marido e mulher não é ser casado. Isto não impede em nada as divergências, as antipatias, as revoltas, nem, que pena, as traições!....Mas, pai e mãe, são prodigiosamente idênticos e unidos, e sem ligação apreciável com o resto do mundo. Nós somos estes dois, sobre a terra, podendo ser um só." (Tradução minha). AZEVEDO, Arthur. "O Theatro". In: NEVES, Larissa de Oliveira Neves; LEVIN, Orna Messer. (orgs.). *O Theatro*, op. cit.

84   "Teatros de Amadores", *Revista da Semana*, 26 jun. 1943, p. 19.

Autores brasileiros dedicaram-se a escrever peças para os amadores como Machado de Assis com *Uma lição de botânica* e *Não consultes médico*, que inaugurou os espetáculos da companhia dramática do teatro da Exposição Nacional, em 1908.[85] Outro autor que se dizia um diletante foi Américo de Azevedo, irmão de Arthur e Aloísio de Azevedo, que escreveu algumas comédias de um ato para amadores e que, segundo seu irmão, não gostava de ser confundido com profissional.[86] Na semana da morte de Américo, Arthur Azevedo o homenageia em sua crônica, explicando que o "tique de família" se justificava pela sua infância em que a única brincadeira era o "teatrinho". O próprio cronista conta que escreveu seu primeiro drama, intitulado *Uma quantia*, aos nove anos de idade, enquanto Américo só começou seus ensaios dramáticos aos trinta anos. Todas as suas comédias tinham apenas um ato, com exceção de *Trocas e baldrocas*, que ele havia esticado para três atos, tendo sido representada pela companhia Ferreira de Souza e um absoluto fracasso de público. Sem se incomodar com isso, Américo Azevedo ficava satisfeito em ter suas comédias impressas nas folhinhas Laemmert. Entre os títulos de Américo Azevedo encontramos: *Por causa de um chapéu, Os viúvos* (comédia em versos), *O Malaquias, Um par de comendadores, Um marido modelo, O Fim do mundo, Os milagres de São José de Ribamar* entre outros não citados na crônica.

Antonio de Lima Gomes Filho, do Maranhão e A. C. Chichorro da Gama, bibliófilo do Rio de Janeiro também escreveram comédias brasileiras: *Um amante infeliz*, do primeiro e *Nuvem desfeita*, de Chichorro. Arthur Azevedo taxou *Um amante infeliz* como irrepresentável, já *Nuvem desfeita* recebeu críticas, mas com um estímulo ao autor no final, chamando este primeiro trabalho de Chichorro de "ensaio".[87]

---

85   AZEVEDO, Arthur. "O Theatro". In: NEVES, Larissa de Oliveira Neves; LEVIN, Orna Messer. (orgs.). *O Theatro*, op. cit.

86   *Ibidem.*

87   AZEVEDO, Arthur. "O Theatro". In: NEVES, Larissa de Oliveira Neves;

A Sociedade Dramática Furtado Coelho apresentou sob aplausos a peça *Rosa do adro*, escrita por Eduardo Magalhães, também autor do drama *Sylvia*. O cronista, porém, critica o autor brasileiro por ter se inspirado e copiado o título de um romance estrangeiro, sem nem mesmo citá-lo.[88] As homenagens a atores conhecidos era comum nos nomes das sociedades dramáticas: além dessa, localizei a Estudantina Furtado Coelho, com sede na Visconde de Sapucahy e formada por "um conjunto de pessoas da boa sociedade que queiram dedicar-se à arte musical", associada ao Gremio Dramatico Furtado Coelho e buscando proporcionar as diversões musicais; os sócios e a diretoria eram os mesmos, apesar de contar com estatutos separados porém, não independentes.[89]

Outro brasileiro que teve diversas peças representadas por amadores foi Arthur Rocha, negro, nascido em 1859, no Rio Grande do Sul, dramaturgo, cronista, jornalista, ativista político, escreveu de doze a quatorze peças teatrais.[90] Segundo Isabel Silveira dos Santos, o teatro de Arthur Rocha se encaixava no que já chamamos de teatro pedagógico. A autora afirma que o teatrólogo pretendia

> ensinar à comunidade negra que a adoção de uma aparência mais próxima à européia, especialmente no que se refere ao cuidado com o corte de cabelo, o uso de casacas e chapéus e o refinamento de atitudes, facilitaria a inclusão social de negros, pardos e mulatos na sociedade branca.[91]

LEVIN, Orna Messer. (orgs.). *O Theatro*, op. cit.

88   *Ibidem.*

89   Caixa GIFI 6C 170. Arquivo Nacional.

90   SANTOS, Isabel Silveira dos. *Arthur Rocha: um Intelectual Negro no "Mundo dos Brancos"*, Comunicação publicada nos Anais da Anpuh-RS, 2010. Disponível em: http://www.eeh2010.anpuh- rs.org.br/resources/anais/9/1279496410_ARQUIVO_arthurrochaumintelectualnegronomundodosbrancos. pdf

91   SANTOS, Isabel Silveira dos. *Arthur Rocha: um Intelectual Negro no "Mundo dos Brancos"*, *op. cit.*, p. sem número.

Além disso, Arthur Rocha valorizava a instrução, o casamento e o núcleo familiar como "linhas de comportamento", criava personagens negras cultas, elegantes e bem-sucedidas como exemplos a serem seguidos pela comunidade negra. Para a autora, "o teatro de Arthur Rocha parece ter ocupado esse papel pedagógico estratégico de reinventar o ser negro nas muitas vozes que produziu para seus personagens negros(as), pardos(as) e mulatos(as) nas suas narrativas teatrais."[92] Entre suas peças, encontramos: *O filho bastardo, O anjo do sacrifício, Por causa de uma camélia, José* – que seria encenada pela sociedade de amadores Cassino Comercial em 1906, no Rio de Janeiro, numa homenagem ao ator rio-grandense Julio de Oliveira, o protagonista[93] –, *A filha da escrava, Os filhos da viúva e deus e a natureza, O distraído, Não faças aos Outros, Lutar e vencer, Um casamento em concurso*, o drama *Matheus*, a peça escrita em versos *Uma Cena do Futuro* e em parceria com Areimor, a comédia *A procura de Musa*.[94] A única informação sobre a apresentação dessas peças foi obtida em Arthur Azevedo convidando para a apresentação do Cassino Comercial,[95] um clube tradicionalmente frequentado pelos grupos mais abastados da capital; por isso não posso inserir Arthur Rocha em um "teatro negro amador", apesar de sua evidente atuação com o público afro-descendente.

O Cassino Comercial começou com "um grupo de sócios que assistiu a derrocada da Sociedade Estrela d´Aurora" e teve em 1895, sua diretoria formada por Medina, Simões, Ferreira da Fonseca e outros. Começou na rua da Alfândega, passou para a rua do

---

92 *Ibidem.*

93 AZEVEDO, Arthur. "O Theatro". In: NEVES, Larissa de Oliveira Neves; LEVIN, Orna Messer. (orgs.). *O Theatro*, op. cit.

94 SANTOS, Isabel Silveira dos. *"Arthur Rocha: um Intelectual Negro no 'Mundo dos Brancos'".*

95 AZEVEDO, Arthur. "O Theatro". In: NEVES, Larissa de Oliveira Neves; LEVIN, Orna Messer. (orgs.). *O Theatro*, op. cit.

Hospício, onde já era "frequentado por famílias distintas" e contava com mais de duzentos sócios. Permaneceu nesse endereço por quatro anos em "uma fase brilhantíssima – em que assumiu um desenvolvimento admirável, rivalizando mesmo com as primeiras sociedades congêneres". Foi nesse endereço que também surgiu o primeiro jornal *Sorriso*, dirigido por José Francisco Martins e Luiz de Sotto Mayor, mas com curta duração. Juntou-se, então, com o Club Euterpe e passou a se chamar Arcadia Dramatica durante alguns meses. O Cassino se emancipou e mudou-se para a rua Uruguaiana, em seguida para o Largo do Capim e finalmente para a rua dos Andradas, onde ficou desde 1902 até, pelo menos 1907, quando tinha como presidente Manoel Ennes Vianna.[96]

Foi no Hodierno Club, fundado por Manoel Vaz do Vale em 1902 e que usou por algum tempo a Phenix Dramatica como sua sede social,[97] que ficou conhecida a ainda amadora Guilhermina Rocha. A atriz foi apresentada a Arthur Azevedo em uma carta de Olavo Bilac e Baptista Coelho, que o convidaram para assistir *As lágrimas de Maria*, um drama de Vasques onde Guilhermina faria o papel de Angelina.[98] Na crônica seguinte, Azevedo se desdobra em elogios à atriz e comenta que seu talento é natural e que não aprendeu a representar em nenhuma escola, dizendo, inclusive, que não lhe serviria de nada. Cita ainda outros artistas que nunca tiveram mestres, como João Caetano, Xisto Bahia, Ismênia, Apolônia, Lucília Peres, Ferreira de Souza, Guilherme de Aguiar, Joaquim Augusto, entre outros. Elogia também o ator e ensaiador Francisco de Mesquita, "em nada inferior ao Vasques no papel do dr. Matheus (antes pelo contrário)" e os demais amadores do Hodierno Club, uma "associação de senhoras e cavalheiros da melhor sociedade,

---

96   *Almanaque d'O Theatro*, ano 1, 1906.

97   *Almanaque d'O Theatro*, Ano 1, 1906.

98   AZEVEDO, Arthur. "O Theatro". In: NEVES, Larissa de Oliveira Neves; LEVIN, Orna Messer. (orgs.). *O Theatro*, op. cit.

à qual reverte a glória de haver descoberto um brilhante lapidado pela natureza; Guilhermina Rocha".[99]

Vale a pena levantar aqui a questão da escola dramática, segundo o cronista dispensável para Guilhermina mas defendida por ele em centenas de outras crônicas além de vários outros articulistas, que o acompanharam nessa proposta. O debate sobre a qualidade das peças nacionais e a suposta crise do teatro nacional levou alguns desses intelectuais a defenderem a criação de uma escola dramática como possível solução para a crise. Uma vez que o teatro amador era considerado "viveiro de artistas",[100] a partir da qualificação desses através dos cursos a serem oferecidos pela escola, os palcos nacionais poderiam ter artistas de maior qualidade. Nazareth de Menezes escreveu em outubro de 1911:

> Já se apontou, entre as causas da decadência do nosso teatro, a falta de escolas dramáticas. Isso, em parte, é justamente real. (...) Temos agora a nossa. João Caetano sempre ambicionou uma, para o progresso e a grandeza do teatro brasileiro. Confiemos na que aí está e não será desmentida a nossa esperança. Entregue a homens de talento e boa vontade, trabalhadores modestos, tenazes, sem ruídos em torno do seu esforço, a nossa escola dramática está operando calmamente. É uma semente que germina e muito breve rebentará em flor, produzindo excelentes frutos... Aí então ressurgirá o teatro brasileiro...[101]

Como ressaltou Nazareth de Menezes, em 1862, João Caetano, "expoente máximo do nosso romantismo teatral, o Talma

---

99   *Ibidem.*

100   AZEVEDO, Arthur. "O Theatro". In: NEVES, Larissa de Oliveira Neves; LEVIN, Orna Messer. (orgs.). *O Theatro*, op. cit.

101   MENEZES, Nazareth. *O Theatro*, 5 out. 1911. In: ANDRADE, Elza Maria Ferraz de. *Escola Dramática Municipal*, op. cit., p. 72.

Brasileiro",[102] já enviava ao governo um memorial expondo a decadência e a falta de progresso do teatro, e justificando-a pela ausência de uma escola dramática. Cinco anos antes, o mesmo João Caetano já havia elaborado e apresentado ao governo um plano, que acabou arquivado, para uma escola de teatro, determinando que as aulas deveriam contar com o comando de um diretor. Inspirado no Conservatório Dramatico Francês, ele acreditava que a escola uniformizaria o nível de interpretação, o que tornaria interessante o trabalho de qualquer companhia e desenvolveria a dramaturgia nacional. "(...) está provado que sem alicerces se não levantam edifícios".[103]

Em 1917, *A Epoca Theatral* lançou uma enquente com o título "Em prol do teatro Nacional"com três perguntas: "Que acha da representabilidade do repertório teatral brasileiro? Qual o meio de melhorar a situação do ator nacional? Qual o modo de se desenvolver a ação teatral dos novéis?". Uma das atrizes que responderam foi Itália Fausta, que reproduzo:

> 1ª – A representabilidade de um repertório depende das peças, dos interpretes e do público. Sendo fato tão relativo, não pode ter solução absoluta.
>
> 2ª – Os meios são de grande complexidade. Não bastará um. Todos eles, porem, começam dependentes do próprio ator que deve respeitar-se, respeitando a sua arte e terminam pelo bafejo oficial do governo, sem o qual o teatro a serio não vinga, por ficar á mercê da especulação mercantil.
>
> 3ª – Dando-lhe escolas e teatros.[104]

Essa antiga luta de artistas, críticos teatrais e cronistas en-

---

102 ANDRADE, Elza Maria Ferraz de. *Escola Dramática Municipal*, op. cit., p. 66.

103 Apud ANDRADE, Elza Maria Ferraz de. *Escola Dramática Municipal*, op. cit., p. 68.

104 *A Epoca Theatral*, ano I, n°1, 22 set. 1917.

volvidos com teatro levou à criação da escola dramática, por meio do decreto n° 1.167, de 1908, que determinou o primeiro diretor justamente Coelho Neto. Essa idéia de "teatro sério" que acompanhou os debates dos articulistas e os fez estimular a construção dessa escola conseguiu erguê-la, de fato, vinculada ao Teatro Municipal e subvencionada pelo governo. Foi a tentativa de estimular a formação técnica dos atores e sua profissionalização, sim, mas de um teatro que apenas uma pequena parcela da população considerava de qualidade, afinal sua proposta de erudição excluía as comédias ligeiras que tanto sucesso faziam apesar das críticas. Apesar da proposta de aliar teoria e prática na formação de atores, o ator e diretor Procópio Ferreira avaliou em entrevista publicada na série *Depoimentos I*, de 1976, organizada pelo Serviço Nacional de Teatro (SNT) que não havia curso prático na Escola e que saiu de lá sem entender nada de teatro.[105] Essa afirmação de Procópio só confirma a opinião de diversos artistas que a Escola Municipal era muito teórica.

O que percebemos, então, é que apesar dos articulistas alardearem a importância de uma escola dramática, o que se via eram artistas amadores, e profissionais aprenderem sua arte na prática. Ou, no interior dos próprios espaços e organizações criados por amadores como na Real Sociedade Club Gymnastico Portuguez, que possuía uma escola dramática própria e, segundo o *Almanaque d'O Theatro*, em 1906, contava com amadores "aplicados e estudiosos", que procuravam "manter o justo renome em que é tido o conjunto de fiéis e inteligentes intérpretes das peças difíceis e apreciadas do repertório de muitas empresas teatrais".[106] Essa sociedade, segundo o almanaque, "vinha cercada da auréola fulgurante de suas tradicionais glórias e do prestígio valoroso emanado da fra-

---

105 ANDRADE, Elza Maria Ferraz de. *Escola Dramática Municipal*, op. cit., p. 109.

106 *Ibidem*.

ternidade de seu sócios". Sua escola dramática tinha como diretor J. M. Motta, "um incansável no interesse de que não diminua, uma só linha, o conceito elevado em que é tido o corpo cênico do teatrinho que habilmente dirige".[107] Foi no mesmo Club Gymnastico Portuguez que estreiou Humberto Miranda, em 1899, no papel de José de Arimathea, na reprise do *Martyr do Calvario*. Humberto foi vencedor do concurso de amadores promovido pelo *Almanaque d'O Theatro*, em 1906, mas o almanaque não aceita a vitória do ator, criticando-o ferozmente, mas cita sua trajetória por diversos palcos amadores: S. Chiristóvão, Gymnasio de Botafogo, Elite, Eugênio da Silveira, Cassino Comercial, etc.[108] Olivério Travassos, vencedor do segundo lugar, pareceu ser mais querido pelo jornal do que o primeiro colocado.

Foi no Club do Campinho, em Cascadura, que surgiu a amadora Nair de Almeida, vencedora do sexto lugar do mesmo concurso do *Almanaque d'O Theatro*. Ela atuava ao lado do seu marido, o também amador Geminiano de Almeida. Nair estreou em 1901, na comédia em três atos *Porta falsa*, no extinto Gremio Dramatico Esperança e, em 1906, com apenas 21 anos de idade contava com um vasto repertório: A *orphã de Goyaz*, *O grito de consciência*, *O poder do ouro*, *Abençoadas lagrimas*, *Mosquitos por cordas*, *Antes do baile*, *O telephone*, entre outras.[109] Geminiano também figurou entre os vencedores do concurso ficando com o quarto lugar entre os homens. Sua estréia foi em 1902, no drama em três atos *Diciola*, também no Gremio Dramatico Esperança. Entre as peças que representou encontramos: *Abençoadas lágrimas*, *Poder do Ouro*, *Gênio Galé*, *Como se fazia um deputado*, *Mosquitos por cordas*, *Dar lenha para se queimar*, etc.[110]

Parece, então, correta a afirmação de Arthur Azevedo quando

---

107   *Almanaque d'O Theatro*, ano 1, 1906.

108   *Ibidem*.

109   *Ibidem*.

110   *Almanaque d'O Theatro*, Ano 1, 1906.

diz que "o fluminense foi sempre teatreiro".[111] Ainda que o alvo da maior parte de suas crônicas tenha sido o teatro profissional, os amadores não ficaram esquecidos em suas linhas. O que percebemos, no entanto, é que os palcos frequentados ou comentados pelo cronista eram bem diferentes daqueles onde os textos eram politizados, voltados para as questões dos trabalhadores e dos palcos que contavam com a participação de artistas e públicos com outros interesses e características sociais. O teatro da *haute-gaumme* tinha um repertório bem diferente dos trabalhadores e imigrantes: podiam ser dramas, comédias ou revistas de autores estrangeiros e nacionais, mas o importante é que tinham intenções de divertir sim, mas também educar o público para o "bom" teatro, inspirado nos valores que desde os tempos coloniais guiaram nossas elites, os ideais europeus, especialmente os franceses. Mesmo a insistência de alguns jornalistas em pedir mais peças nacionais, sobre temas brasileiros, não retirava da cena principal o modelo estrangeiro.

---

111 AZEVEDO, Arthur. "O Theatro". In: NEVES, Larissa de Oliveira Neves; LEVIN, Orna Messer. (orgs.). *O Theatro*, op. cit.

CONSIDERAÇÕES FINAIS

Ampliar meu olhar para além do teatro de revista, hegemônico no Rio de Janeiro no final do século XIX e início do XX e também nos estudos históricos sobre o teatro, foi um desafio e um privilégio desenvolvidos ao longo de meu percurso de pesquisa. Foi uma surpresa encontrar o teatro amador nas ruas do Rio de Janeiro concorrendo com o teatro comercial, financiado pelos empresários das companhias e donos de grandes teatros, localizados principalmente no Centro. Para construir essa história busquei historiadores do teatro, memórias de jornalistas, críticos teatrais e boêmios, periódicos específicos sobre teatro e os estatutos dos clubes, grêmios e sociedades, além de uma bibliografia que extrapolou o campo da História. Especialistas em teatro e literatura, jornalistas e dramaturgos contribuíram no resgate desses "esquecidos" pela historiografia.

A maior parte dos memorialistas, dos jornais de época e mesmo os historiadores da atualidade que pesquisam teatro silenciaram ou minimizaram a existência do teatro amador na capital. Acompanhando o quase completo silêncio da crítica contemporânea, as memórias e histórias sobre o teatro brasileiro ajudaram a apagar a multiplicidade de sujeitos envolvidos com o teatro, a pluralidade de espaços e sua distribuição por quase toda a cidade. No entanto, uma leitura mais atenta de pequenos comentários, quase sempre depreciativos, e uma nova seleção de fontes que incluiu um número significativo de jornais dedicados ao teatro, além de estatutos e pedidos de licença de clubes e sociedades dramáticas, confirmaram a força desse teatro e sua disseminação por toda a cidade, inclusive no centro e bem próximo aos grandes teatros comerciais. O mapeamento desses teatros, ainda que de forma aproximada, organizou as referências reunidas e demonstrou sua abrangência espacial e social, indicando pistas de sua importância como meio de comunicação e expressão para grupos sociais diversos.

O número e a diversidade de títulos de periódicos criados para discutir questões ligados à prática teatral, a variedade de grupos amadores em atuação na cidade, as origens sociais diversas desses artistas e os objetivos múltiplos dos que se dedicavam ao teatro, sem, no entanto, transformá-lo em meio de subsistência são aspectos que ganharam maior visibilidade ao longo da pesquisa. De um lado, a questão da qualidade das peças e a "crise" do teatro nacional era o grande debate entre os articulistas de determinados jornais. Nessa discussão percebia-se a tentativa de reproduzir um padrão de literatura e de vida influenciado pela escola francesa e que mantinha a herança colonial de reprodução do modo de vida europeu. Eram os grupos mais abastados da sociedade carioca e alguns grupos médios que buscavam através dos dramas e das altas comédias reproduzir o que julgavam ser teatro de qualidade. Atuavam nos palcos do Cassino Fluminense, Elite Club, Hodierno, Riachuelense e muitos outros.

Do outro lado, havia um teatro operário que podia ser uma maneira de mobilizar a comunidade e estimular a participação em entidades associativas de todos os tipos. Os gêneros teatrais variavam, assim como os temas tratados, que podiam estar relacionados às lutas operárias, às condições de trabalho e também à moral e aos valores familiares. Nesse sentido, podemos encontrar nesse teatro um sentido pedagógico que estimulasse a conscientização e a participação dos trabalhadores nas associações e nos movimentos operários. Alguns grupos que atuavam nos palcos operários eram: Grupo Dramatico Teatro Social, Grupo Teatro Livre, Cultura Social, 1º de maio, entre outros.

Não muito distante do teatro operário, mas destinado a um grupo específico, vimos os imigrantes formarem grupos dramáticos, como o Lusitano Club, Recreio Dramatico Juventude Portuguesa, Centro Catalã do Rio de Janeiro... Havia nessas associações a preocupação em valorizar as origens e a educação dos participantes, buscavam um resgate de seus princípios e, ao mesmo tempo, sua inserção na cultura local. Os espetáculos teatrais, assim como as festas, seriam um meio pedagógico de proximidade entre a cultura de origem e o Brasil. Esses imigrantes eram, na sua maioria, trabalhadores e, por isso, muitas vezes os espetáculos escolhidos se aproximavam dos temas operários e anarquistas. No entanto, os estatutos desses clubes não mencionavam questões políticas, ao contrário, proibiam essas discussões dentro dos seus salões. Isso fica esclarecido quando lembramos que esses estatutos tinham que ser aprovados pela polícia, que jamais permitiria que esses centros fossem locais de propaganda anarquista. Essa ambiguidade ficou nítida na análise do Centro Galego: seus estatutos eram muito parecidos com os de outros clubes de imigrantes, mas os jornais e o artigo do Milton Lopes, da Federação Anarquista do Rio de Janeiro, alertaram para essa atividade política do Centro.

Esses foram alguns dos grupos encontrados que atuavam em palcos amadores. Certamente que uma pesquisa mais prolongada e a busca de novas fontes abrirão novas possibilidades, como o teatro negro, que encontrei pistas pelas possíveis homenagens ou identificações nos nomes de alguns grupos – Gremio Dramatico de Pretos, Gremio Dramatico Familiar Treze de Maio, Club Vasques, Club Dramatico Xisto Bahia – mas as fontes pesquisadas não o mencionavam.

Uma outra questão importante nessa abordagem é a do público que frequentava os palcos amadores. Vimos que os preços dos ingressos para o teatro amador eram os mesmos dos palcos profissionais. E eram bastante acessíveis. Por isso, a opção de assistir uma peça representada por amadores se dava pelo interesse no tema debatido, pela participação nos eventos dos grupos onde cada sujeito se identificava. Essa identidade entre plateia e espetáculo se dava pelo texto teatral – fosse político, trágico, dramático ou simplesmente divertido – e também pelo grupo que o representava. Essa dinâmica social e política estava espalhada por toda a cidade e era possível tanto para os grupos mais abastados como também os menos favorecidos.

Os diferentes gêneros, artistas e públicos do teatro amador determinaram nesse espaço as disputas sociais, as negociações de ideias e ideologias e as avaliações sobre a realidade cotidiana dos grupos sociais participantes. As polêmicas eruditas ou operárias tornaram os palcos amadores uma arena de debates e conflitos da sociedade carioca, um espaço dinâmico de constituição e expressão de sentidos e percepções sobre o processo de transformação do Rio de Janeiro.

FONTES

Documentos da Polícia

Fundo/coleção: IJ6 – série Justiça e Fundo/coleção GIFI – Arquivo Nacional – (Sociedades, clubes e grupos – 1903-1922).

Gremio dramatico Cardonense:

Pedido de renovação de licença para funcionamento – 14 de março de 1919. Caixa IJ6 691.

Concessão de licença para funcionamento – 5 de dezembro de 1918. Caixa IJ6 691.

Estatutos – 23 de março de 1918. Caixa IJ6 691.

Pedido para aprovação dos estatutos e licença para funcionamento – 24 de julho de 1918. Caixa IJ6 648.

Estatutos – 23 de maio de 1918. Caixa IJ6 648.

Sociedade Recreio dos Artistas:

Pedido de renovação de licença para funcionamento – 09 de janeiro de 1919. Caixa IJ6 693

Pedido de licença para funcionamento – 23 de janeiro de 1915. Caixa IJ6 564. Concessão da licença – 12 de fevereiro de 1915. Caixa IJ6 597.

Club Recreativo Americano:

Estatutos – 01 de novembro de 1918. Caixa IJ6 693.

Sociedade Recreativa e Muzical de Villa Santa Thereza.

Estatutos – 1 de junho de 1919. Caixa IJ6 691.

Gremio dramatico Francisco Marzullo:

Pedido de licença para funcionamento – 28 de abril de 1919. Caixa IJ6 691.

Concessão da licença para funcionamento – 02 de maio de 1918. Caixa IJ6 691.

Pedido de licença para funcionamento – 23 de fevereiro de 1918. Caixa IJ6 648.

Club Dramatico Xisto-Bahia

Pedido de licença para poder sair em passeata durante o período do carnaval levando seu estandarte ao Jornal Brazil – fevereiro de 1904. Caixa GIFI 6C 135.

Centro Gallego

Pedido de licença de funcionamento para o ano de 1903 – julho de 1903. Caixa GIFI 6C 135.

Concessão de licença para funcionamento – dezembro de 1911. Caixa GIFI 6C 433.

Estatutos – agosto de 1901. Caixa GIFI 6C 479.

Concessão de licença para funcionamento – fevereiro de 1913. Caixa GIFI 6C 479.

Sociedade de Beneficência do Centro Galego

Pedido de licença para sair com seu estandarte para assistir a um espetáculo no Theatro Recreio Dramatico – dezembro de 1915. Caixa IJ6 564.

Club Dramatico Fluminense

Pedido de licença para funcionamento e verificação dos estatutos – janeiro de 1904. Caixa GIFI 6C 135.

Estatutos – janeiro de 1904. Caixa GIFI 6C 135.

Sociedade Dramática Particular Furtado Coelho

Pedido de licença para o funcionamento e autorização – agosto de 1904. Caixa GIFI 6C 135.

Estudantina Furtado Coelho

Estatutos – dezembro de 1905. Caixa GIFI 6C 170.

Club da Gávea

Concessão de licença para funcionamento – novembro de 1903. Caixa GIFI 6C 135.

Club Dramatico do Realengo

Pedido de licença para funcionamento – fevereiro de 1906. Caixa GIFI 6C 170.

Concessão da licença para funcionamento – agosto de 1905. Caixa GIFI 6C 170.

Concessão de licença para funcionamento - fevereiro de 1912. Caixa GIFI 6C 432.

Pedido de licença para funcionamento – janeiro de 1913. Caixa GIFI 6C 432.

Concessão de licença para funcionamento – maio de 1914. Caixa IJ6 597.

Concessão de licença para funcionamento – julho de 1917. Caixa IJ6 655.

Pedido de licença para funcionamento – abril de 1918. Caixa IJ6 655.

Hodierno Club Dramatico

Pedido de licença para funcionamento – fevereiro de 1906. Caixa GIFI 6C 170.

Gremio dramatico Flor do Cruzeiro

Pedido de licença para funcionamento – fevereiro de 1906. Caixa GIFI 6C 170.

Club Recreativo Dramatico

Pedido de licença para funcionamento – setembro de 1907. Caixa GIFI 6C 250.

Estatutos – setembro de 1907. Caixa GIFI 6C 250.

Club Dramatico de São Cristóvão

Concessão de licença para funcionamento – dezembro de 1908. Caixa GIFI 6C 251.

Solicitação para revisão da cassação da licença, incluindo vários papéis do clube e os estatutos – dezembro de 1908. Caixa GIFI 6C 251.

Pedido de licença para funcionamento e discussão a respeito da cassação anterior da licença do club – de janeiro a julho de 1912. Caixa GIFI 6C 367.

Gremio dramatico do Meyer

Pedido de licença para funcionamento – janeiro de 1912. Caixa GIFI 6C 365.

Concessão da licença – janeiro de 1912. Caixa GIFI 6C 365.

Club Recreativo Fluminense

Estatutos – maio de 1912. Caixa GIFI 6C 367.

Gremio Amadoras da Flor de S. João

Estatutos – sem data. Caixa GIFI 6C 432.

Pedido de licença para funcionamento – maio de 1913. Caixa IJ6 564.

Pedido de licença para funcionamento – janeiro de 1916. Caixa IJ6 595.

Gremio dramatico Paz e Amor

Pedido de licença para funcionamento – setembro de 1913. Caixa GIFI 6C 432.

Pedido de licença para funcionamento – janeiro de 1914. Caixa GIFI 6C 480.

Sociedade Familiar Dançante e Dramática Democrata Club

Pedido de licença para funcionamento – julho de 1913. Caixa GIFI 6C 432.

Estatutos – fevereiro de 1913. Caixa GIFI 6C 432.

Centro Catalã do Rio de Janeiro

Estatutos – outubro de 1912. Caixa GIFI 6C 479.

Sociedade Estudantina Dramática Luzo-Brasileira

Estatuto- abril de 1913. Caixa GIFI 6C 479.

Cabaret Club

Estatutos – outubro de 1912.Caixa GIFI 6C 479.

Violeta Club

Pedido de licença para funcionamento – janeiro de 1914. Caixa GIFI 6C 479.

Estatutos – janeiro de 1914. Caixa GIFI 6C 479.

Club Dramatico de Cavalcante

Pedido de licença para funcionamento – abril de 1922. Caixa GIFI 6C 571.

Concessão da licença para funcionamento - abril de 1922. Caixa GIFI 6C 571.

Sport Club Theatral

Pedido de licença para funcionamento – janeiro de 1913. Caixa GIFI 6C 571.

Andarahy Club

Estatutos – julho de 1915. Caixa IJ6 563 e Caixa IJ6 653.

Pedido de aprovação dos estatutos – julho de 1915. Caixa IJ6 564.

Club Dramatico Souza Bastos

Estatutos – dezembro de 1915. Caixa IJ6 563 e Caixa IJ6 653.

Recreio Dramatico Juventude Portugueza

Estatutos – junho de 1915. Caixa IJ6 563 e Caixa IJ6 653.

Pedido de aprovação dos estatutos – agosto de 1915. Caixa IJ6 564

Pedido de licença para funcionamento – abril de 1916. Caixa IJ6 597.

Gremio Dançante Dramatico Infantil Flor do Natal

Pedido de licença para funcionamento – janeiro de 1915. Caixa IJ6 564.

Modesto Club Dramatico

Pedido de licença para funcionamento – junho de 1915. Caixa IJ6 564.

Pedido de licença para funcionamento – junho de 1916. Caixa IJ6 595.

Concessão da licença para funcionamento – setembro de 1915. Caixa IJ6 595.

Pedido de licença para funcionamento – janeiro de 1918. Caixa IJ6 655.

Sociedade Dansante e Dramática Culto a Arte

Pedido de licença para funcionamento e aprovação dos estatutos – outubro de 1915. Caixa IJ6 564.

Estatutos – setembro de 1915. Caixa IJ6 653.

Club Dramatico João Barbosa

Pedido de licença para funcionamento – setembro de 1916. Caixa IJ6 595.

Estatutos – setembro de 1916. Caixa IJ6 595.

Gremio Recreativo de Ramos

Estatutos – junho de 1914. Caixa IJ6 595.

Theatro Club

Pedido de licença para funcionamento – dezembro de 1915. Caixa IJ6 595.

Estatutos – dezembro de 1915. Caixa IJ6 595.

Inhaumense Club

Pedido de licença para funcionamento e aprovação dos estatutos – abril de 1916. Caixa IJ6 597.

Estatutos – setembro de 1915. Caixa IJ6 597.

Gremio Dramatico Taborda

Pedido de licença para funcionamento – agosto de 1916. Caixa IJ6 597.

Estatutos – maio de 1916. Caixa IJ6 597.

Club Dramatico Familiar de Jacarepaguá

Pedido de licença para funcionamento – abril de 1916. Caixa IJ6 597.

Estatutos – abril de 1916. Caixa IJ6 597.

Club Recreativo de Jacarepaguá

Declaração de reconhecimento dos membros da diretoria do clube – abril de 1918. Caixa IJ6 648.

Estatutos – fevereiro de 1918. Caixa IJ6 648.

Luzitano Club

Pedido de licença para funcionamento – setembro de 1917. Caixa IJ6 649.

Estatutos – 1917. Caixa IJ6 649.

Sociedade Dramatica Particular Filhos de Talma

Pedido de licença para funcionamento e anexo com a qualificação dos membros da diretoria – janeiro de 1918. Caixa IJ6 649.

Periódicos

A Caravana - 1908

A Época Theatral, supplemento da revista *Lettras e Artes* – 1917

A Falena – 1921

A Lyra: órgão da arcádia dramática Esther de Carvalho. Rio de Janeiro, ano I, n.1, 8 set. 1888.

A Trepação – 1904

Almanaque Suburbano – 1911, 1912

Anuário da Casa dos Artistas – *1918-1978: 60 anos de luta*

Boletim da Sociedade Brasileira de Autores Teatrais – 1929

Comedia – n. 137, 24 abril, 1920

FonFon – 27 set., 1924.

O Álbum – 1893

O Amador, periódico literário do Club Dramatico Gonçalves Leite, Ano I, n°1, 8 set. 1888.

O Arco Íris – 1923

O Binoculo – 1898

O Delormista: órgão consagrado ao theatro fluminense e ao grupo delormista. Rio de Janeiro, 31 mar. 1889.

O Malho – n. 1010, 21 jan. 1922.

O Paiz – 21 mar., 1920.

O Theatro – n. 2, 5, 7, 8, 9, 11 – 1911

Palcos e Telas – Revista Theatral Cinematographica, 8 abr. 1920. *Amiga* – suplemento, n. 446, 06 dez. 78.

Ultima Hora – 1914

Almanaque d`O Theatro, ano 1, 1906.

Almanach Theatral – 1898.

Revista da Semana, 26 jun. 1943

A voz do trabalhador: órgão da confederação operária brasileira, ano 1, n.4, 15 ago. 1908 ao ano 2, n.21, 09 dez. 1909.

Liberdade, ano 1, n. 1, ago. 1909.

O Espectador: órgão consagrado a arte dramática, ano 1, n. 1, 18 set. 1881 ao ano 4, n°27, 03 ago. 1884.

O Jasmim: órgão do atheneu dramático Esther de Carvalho, ano II, n. 7 e 8, 31 mar. e 21 abr. 1888.

Mapa

Planta Geral da Cidade do Rio de Janeiro, envelope 10, R. 838. Acervo Arquivo Geral da Cidade do Rio de Janeiro.

Legislação

Decreto n° 6.562, de julho de 1907.

Decreto n° 5.492, de 16 de julho de 1928.

Memórias

AZEVEDO, Arthur. "O Mambembe". In: _____. *Teatro de Arthur Azevedo*. Rio de Janeiro: Funarte, 2002. (Coleção Clássicos do Teatro Brasileiro, vol. 5).

AZEVEDO, Arthur. "O Theatro". In: NEVES, Larissa de Oliveira; LEVIN, Orna Messer (orgs). *O Theatro – crônicas de Arthur Azevedo*. Campinas, Ed da. Unicamp, 2009.

CACCIAGLIA, Mario. *Pequena história do teatro no Brasil: quatro séculos de teatro no Brasil.* São Paulo: Edusp, 1986.

CAFEZEIRO, Edwaldo; GADELHA, Carmem. *História do teatro brasileiro: um percurso de Anchieta a Nelson Rodrigues.* Rio de Janeiro: Ed. da UFRJ, Eduerj, Funarte, 1996.

CHAVES JR., Edgard de Brito. *Memórias e glórias de um teatro: sessenta anos de História do Teatro Municipal do Rio de Janeiro.* Rio de Janeiro: Americana (CEA), 1971.

DORIA, Gustavo A. *Moderno teatro brasileiro: crônica de suas raízes.* Rio de Janeiro: Serviço Nacional de Teatro, 1975.

EDMUNDO, Luiz. *O Rio de Janeiro do meu tempo.* Brasília: Senado Federal, 2003. Disponível em: www.dominiopublico.com.br. Acesso em 03 nov. 2009.

EFEGÊ, Jota. *O Cabrocha: meu companheiro de "farras".* Rio de Janeiro: Leusinger, 1931.

_____. *Meninos, eu vi.* Rio de Janeiro, Funarte; Instituto Nacional de Música; Divisão de Música Popular, 1985.

MARINHO, Henrique. *O Theatro Brasileiro (alguns apontamentos para sua história).* Rio de Janeiro:.Garnier, 1904.

MENDONÇA, Carlos Sussekind de. *Historia do Theatro Brasileiro (1565 – 1840): Idéas geraes – os precursores. A formação scenica e literaria.* V.1, Rio de Janeiro: Mendonça Machado e Cia., 1926.

NETTO, Coelho. *Palestras da tarde.* Rio de Janeiro, Livraria Garnier, 1911.

NUNES, Mário. *40 anos de teatro.* V. 1, Rio de Janeiro: SNT, 1956, v. 1. (1913-1920).

_____. *40 anos de teatro.* Rio de Janeiro: SNT, 1956, v. 2 (1921-1925).

_____. *40 anos de teatro.* Rio de Janeiro: SNT, 1959, v. 3 (1925-1930).

_____. 40 anos de teatro. Rio de Janeiro. SNT, 1956, v. 4 (1913-1935).

PAIXÃO, Mucio da. *O Theatro no Brasil.* Rio de Janeiro: Brasília, 1917.

PRADO, Décio de Almeida. *História concisa do teatro brasileiro: 1570-1908.* São Paulo: Edusp, 1999.

SOUZA, J. Galante de. *O teatro no Brasil.* Tomos I e II. Rio de Janeiro: MEC, Instituto Nacional do Livro, 1960.

RIO, João do. "Questão Teatral, 30 de maio de 1909". In: PEIXOTO, Níobe Abreu. *João do Rio e o palco: Página Teatral.* São Paulo: Edusp, 2009.

TIGRE, Manoel Bastos. *Reminiscências: a alegre roda da Colombo e algumas figuras do tempo de antigamente*, Brasília: Thesaurus, 1992.

BIBLIOGRAFIA

ABREU, Brício de. *Esses populares tão desconhecidos.* Rio de Janeiro: E. Raposo Carneiro, 1963.

ABREU, Martha; DANTAS, Carolina. "Musica popular, folclore e nação no Brasil, 1890-1920". In: CARVALHO, J. M. (org.), *Nação e cidadania no Império: novos horizontes,* Rio de Janeiro, Civilização Brasileira, 2007.

ANDRADE, Elza Maria Ferraz de. *Escola Dramática Municipal: a primeira escola de teatro do Brasil, 1908 – 1911.* Dissertação (Mestrado em Teatro) – Unirio, Rio de Janeiro, 1996.

ARÊAS, Luciana Barbosa. *A redenção dos operários: o primeiro de maio no Rio de Janeiro durante República Velha.* Dissertação (Mestrado em História) – Unicamp, Campinas, 1996.

BATALHA, Claudio H. M. et.al. (orgs.). *Culturas de classe: identidade e diversidade na formação do operariado.* Campinas: Ed. da Unicamp, 2004.

BRAGA, Claudia. *Em busca da brasilidade: teatro brasileiro na primeira República.* São Paulo: Perspectiva; Belo Horizonte, Fapemig; Brasília: CNPq, 2003 (série Estudos n. 194).

BRETAS, Marcos Luís. "A polícia das culturas". In: LOPES, Antônio Herculano (org.). *Entre Europa e África: A Invenção do Carioca*. Rio de Janeiro: Casa de Rui Barbosa, 2000.

CARVALHO, Danielle Crepaldi. "Os dramas musicais de Coelho Netto (1897-1898)", *Anais do Seta*, n. 3, 2009.

_____. *"Arte" em tempos de "chirinola": a proposta de renovação teatral de Coelho Netto (1897-1898)*. Dissertação (Mestrado em Teoria e História Literária) – Unicamp, Campinas, 2009.

CAVALCANTI, Ana. "As exposições gerais e algumas histórias sobre o público fluminense (1879-1907)". In: MARZANO, Andrea; MELO, Victor Andrade de (orgs.). *Vida divertida: histórias do lazer no Rio de Janeiro (1830-1930)*. Rio de Janeiro: Apicuri, 2010.

CHALHOUB, Sidney; PEREIRA, Leonardo Affonso de Miranda, "Apresentação". In: *A história contada: capítulos de história social da literatura no Brasil*, Rio de Janeiro: Nova Fronteira; Campinas: Unicamp, 1998.

CHIARADIA, Maria Filomena Vilela. *A companhia de revistas e burletas do teatro São José: a menina-dos-olhos de Paschoal Segreto*. Dissertação (Mestrado em Teatro) – Unirio, Rio de Janeiro 1997.

CUNHA, Maria Clementina Pereira; *Ecos da Folia: uma história do Carnaval carioca entre 1880 e 1920*. São Paulo: Companhia das Letras, 2001.

_____ (org.). *Carnavais e outras f(r)estas: ensaio de história social da cultura*. Campinas: Ed. da Unicamp, Cecult, 2002.

DARNTON, Robert. *O beijo de Lamourette: mídia, cultura e revolução*. São Paulo: Companhia das Letras, 1990.

FÍGARO, Roseli. *Teatro amador: uma rede de comunicação e sociabilidade para a comunidade lusófona na primeira metade do séc.*

XX. Apresentado ao VII Congresso da Lusocom, Federação Lusófona de Ciências da Comunicação, 2006.

FIGUEIRA, Cristina Aparecida Reis. "O jornal, o cinema, o teatro e a música como dispositivos da propaganda social anarquista: um estudo sobre as colunas 'Espetáculos' e 'Palcos, telas e arenas' nos jornais *A Lanterna* e em *A Plebe* (1901 a 1921)". Anais *VI Congresso Luso-Brasileiro de História da Educação*, Uberlândia-MG, 2006. Disponível em: <www.faced.ufu.br/colubhe06/anais/arquivos/291CristinaAparecidaReisFiguei ra.pdf>. Acesso 14 maio 2011.

GOMES, Tiago de Melo. *Como eles se divertem (E Se Entendem): teatro de revista, cultura de massas e identidades sociais no Rio de Janeiro dos anos 1920*. Tese (doutorado em História) – Unicamp, Campinas, 2003.

_____. *Um espelho no palco: identidades sociais e massificação da cultura no teatro de revista dos anos 1920*. Campinas, Ed. da Unicamp, 2004.

HARDMAN, Francisco Foot. *Nem pátria, nem patrão! Memória operária, cultura e literatura no Brasil*. 3ª ed. rev. e ampl. São Paulo: Ed. da Unesp, 2002.

LOPES, Antonio Herculano. "Da Arte, Mui Brasileira, de Fazer Rir: de Vasques a Procópio". In: LOPES, Antonio Herculano; VELLOSO, Monica Pimenta; PESAVENTO, Sandra Jatahy (orgs.). *Historia e linguagens: textos, imagem, oralidade e representações*. Rio de Janeiro: 7 Letras, 2006.

LOPES, Milton. *Memória anarquista do Centro Galego do Rio de Janeiro (1903- 1922)*. Núcleo de Pesquisa Marques da Costa. Disponível em: <www.marquesdacosta.wordpress.com>. Acesso em 31 ago. 2010.

MARZANO, Andrea. *Cidade em cena: o ator Vasques, o teatro e o Rio de Janeiro (1839-1892)*. Rio de Janeiro: Folha Seca: Faperj, 2008.

_____. "A magia dos palcos: o teatro no Rio de Janeiro do século XIX". In: MARZANO, Andrea; MELO, Victor Andrade de (orgs.). *Vida divertida: histórias do lazer no Rio de Janeiro (1830-1930)*. Rio de Janeiro: Apicuri, 2010.

MENCARELLI, Fernando Antonio. *Cena aberta: a absolvição de um bilontra e o teatro de revista de Arthur Azevedo*. Campinas: Ed. da Unicamp, 1999.

MENEZES, Raimundo de. *Dicionário literário brasileiro*, LTC, 2ª ed., São Paulo: LTC, 1978.

NEVES, Larissa de Oliveira; LEVIN, Orna Messer (orgs.). *O Theatro: crônicas de Arthur Azevedo*. Campinas: Ed.da Unicamp, 2009.

FERREIRA, Aurelio Buarque de Hollanda. *Pequeno dicionário brasileiro da língua portuguesa*. Rio de Janeir: Civilização Brasileira S.A., 1968.

PEREIRA, Leonardo Affonso de Miranda Pereira. *O carnaval das letras: literatura e folia no Rio de Janeiro do século XIX*, Campinas: Ed. da Unicamp, 2004.

_____. "E o Rio dançou: identidades e tensões nos clubes recreativos cariocas (1912-1922)". In: CUNHA, Maria Clementina Pereira (org.). *Carnavais e outras f(r)estas*. Campinas:Ed. da Unicamp; Cecult, 2002.

_____. "O Prazer das morenas: bailes, ritmos e identidades nos clubes dançantes da Primeira República". In: MARZANO, Andrea; MELO, Victor Andrade de (orgs.). *Vida divertida: histórias do lazer no Rio de Janeiro (1830-1930)*. Rio de Janeiro: Apicuri, 2010.

PEREIRA, Victor Hugo Adler. "Os Intelectuais, o mercado e o Estado na modernização do teatro brasileiro". In: BOMENY, Helena (org.). *Constelação capanema: intelectuais e políticas*. Rio de Janeiro, Ed. da FGV, 2001.

RABETTI, Beti (coord.). "Um estudo sobre o cômico: o teatro popular no Brasil entre ritos e festas". *Cadernos de Pesquisa em Teatro*, n. 3, UniRio, set. 1997 (Série Ensaios).

RAMOS, Renato. *Emecê: boletim do Núcleo de Pesquisa Marques da Costa*, ano IV, n. 13, ago. 2009. Disponível em: <www.marquesdacosta.wordpress.com>.

RUIZ, Roberto. *O teatro de revista no Brasil: das origens à primeira guerra mundial*. Rio de Janeiro: Inacen, 1988.

SANTOS, Isabel Silveira dos. "Arthur Rocha: um Intelectual Negro no 'mundo dos brancos'", artigo publicado nos anais da Anpuh-RS, 2010. Disponível em: <www.eeh2010.anpuh-rs.org.br/resources/anais/9/1279496410_ARQUIVO_arthurrochaumintelectualnegronomundo dosbrancos.pdf>. Acesso 15 maio 2011.

SEVCENKO, Nicolau (org.), "Introdução: O prelúdio republicano, astúcias da ordem e ilusões do progresso" e "Capítulo 7: A capital irradiante: técnica, ritmos e ritos do Rio". In: *História da vida privada no Brasil - República: da belle époque à Era do Rádio*. São Paulo: Companhia das Letras, v. 3, 1998.

SIQUEIRA, Uassyr de. *Entre sindicatos, clubes e botequins: identidades, associações e lazer dos trabalhadores paulistanos (1890-1920)*. Tese (doutorado em História) – Unicamp, Campinas, 2008.

SURIANO, Juan. *Anarquistas: cultura y política libertaria en Buenos Aires, 1890- 1910*, Buenos Aires: Manantial, 2001.

SOUZA, Silvia Cristina Martins de. "Ao correr da pena: uma leitura dos folhetins de José de Alencar". In: CHALHOUB, Sidney; PEREIRA, Leonardo Affonso de M. (org.). *A história contada: capítulos de história social da literatura no Brasil*. Rio de Janeiro: Nova Fronteira, 1998.

SUSSEKIND, Flora, *As revistas do ano e a invenção do Rio de Janeiro*. Rio de Janeiro: Nova Fronteira; Fundação Casa de Rui Barbosa, 1986.

_____. "Crítica a vapor: a crônica teatral brasileira na virada do século". In: SUSSEKIND, Flora. *Papéis colados*. Rio de Janeiro: Ed. da UFRJ, 1993.

TINHORÃO, José Ramos, *Cultura popular: temas e questões*. São Paulo: Ed. 34, 2001.

VAINFAS, Ronaldo (org.). *Dicionário do Brasil Imperial*. Rio de Janeiro: Objetiva, 2002.

VARGAS, Maria Thereza. *O teatro operário na cidade de São Paulo*. São Paulo: Departamento de Informação e Documentação Artísticas, Secretaria Municipal de Cultura, 1980. Disponível em: <www.centrocultural.sp.gov.br/livros/pdfs/teatro.pdf>. Acesso em 08 mar. 2011.

AGRADECIMENTOS

Este livro é uma versão ligeiramente adaptada da dissertação de mestrado em história que apresentei ao Departamento de História da Universidade Federal Fluminense em agosto de 2011. Algumas pessoas acompanharam minha aventura acadêmica e me apoiaram durante aqueles dois anos de tantas mudanças e confusões, incluindo uma "tsunami" em Teresópolis. A lenta perda da minha mãe nos últimos anos ao lado da conquista do mestrado me colocaram em constante luta interna e foi um momento delicado em que pude contar com algumas pessoas inesquecíveis.

Minha orientadora Laura Maciel, que me guiou por cada passo do caminho ajudando a desbravar novas trilhas para trazer os nossos artistas amadores de volta à cena. Minha eterna professora e madrinha na História, Martha Abreu, que ao lado do competentíssimo Leonardo Affonso de Miranda Pereira participaram das bancas de qualificação e defesa e contribuíram imensamente com sugestões inteligentes e pertinentes para um resultado ainda mais rico.

Carina Carreira, prima querida e talentosa, que não podia estar mais inspirada para o desenho da capa! Meus irmãos, cunhados e sobrinhos que além de participarem como benfeitores, vibraram e me apoiaram com tanto amor e carinho. Marcelo, companheiro e amigo, ouvindo pacientemente cada uma das crises (normais e inevitáveis em mestrandos e doutorandos!), mas sempre solidário para que conseguisse chegar onde sonhei! Amigas de infância, de trabalho e de chopes me acompanharam, chorando ou rindo, mas sempre ao meu lado: Tininha, Anna, Si, Cerli, Babi, Tonho e Licinha, Gisa, Rosy, Ju... Valeu, meninas!!

A publicação desse livro contou com alguns benfeitores que colaboraram de forma decisiva para essa conquista. A todos eles o meu muito obrigada.

Esta obra foi impressa em São Paulo
no verão de 2017. No texto foi utili-
zada a fonte Bell MT em corpo 11 e
entrelinha de 15 pontos.